なぜ社員は辞めてしまうのか

人的資源管理の理論と実証

蔡怡・朱燁丹 著

論創社

まえがき

　近年、学術界では人的資源管理（Human Resource Management）に関する著書、論文など数多く発行されており、人的資源管理をめぐる研究は活発化しつつあるといえるかもしれない。一方、産業界でも人的資源管理への注目が高まっている。その背景には、離職率の上昇がある。特に、若手社員の間で、早期離職が急増している。少子高齢化にともない生産年齢人口の減少と相まって、産業界は深刻な人手不足に直面している。企業は人的資源管理におけるさまざまな施策を活用することによって、マンパワーの確保に取り込んでいる。

　本書の狙いとしては、従業員の離職要因の特定方法、要因特定後の人的資源管理理論の適応と分析方法、対応策の構築方法を提出することである。具体的には、まず第1に、人的資源管理理論、離職行動モデルを再検討するとともに、実証研究の対象である中国進出外資系銀行に即した離職機能分析的モデルを構築することである。第2に、アンケート調査から得たデータを心理学的アプローチと統計学の理論に基づき、従業員の離職要因を究明することである。第3に、人的資源管理理論を踏まえ、裏にある課題および要因に応じた改善方法を処方することである。本書は、単なる理論、実証研究にとどまらず、対応法が提示でき、人材確保戦略の実践にも役立つビジネス書として使えることを目指している。本書の構成および各章の内容について以下に述べることにしたい。

　本書は、大きく「理論編」と「実証編」に分かれ、序章・終章を除き、2部・9章の構成で出来上がっている。

序章では人材確保に求められている課題を検討し、本書の狙いと特徴、実証研究の対象、目的、方法を提示している。

　続く第1部「理論編」は、人的資源管理と離職行動に関する理論的考察であり、人的資源管理の基礎理論、離職行動の諸モデル、離職防止に寄与する人的資源管理の施策を検討している。

　第1章は人的資源管理とは何かという視点から、人的資源管理の概念、人的資源管理理論発展の歴史、人的資源システム、人的資源管理実施モデル、およびラインマネージャーの役割が考察されている。

　第2章では既存の離職行動に関する研究を検討し、代表的な離職モデルを取り上げる。March & Simon離職モデル、Mobleyモデル、Price-Muellerモデルである。これらのモデルは社会学、心理学、経済学の理論に基づいて構築されている。

　第3章はモチベーションの視点から、人的資源管理施策と離職防止との関連を検討する。まず、モチベーション理論におけるコンテント理論(マズローの欲求5段階説、アルダファーのERG理論、マクレガーのX理論・Y理論、マクレランドの欲求理論、ハーズバーグの二要因理論)とプロセス理論(期待理論、エクイティ理論、Porter-Lawler期待モデル)が考察されている。これらの理論は心理学理論を応用したものである。次に、モチベーションと人材流出および人材確保との関連を検討し、効果的なモチベーション戦略は離職率の低下に寄与することを明らかにしている。最後に、モチベーションを向上させる人的資源管理慣行領域(パフォーマンス管理、報酬管理、HRポリシーと手順、ジョブデザイン、タレント・マネジメント)をまとめ、モチベーション向上におけるラインマネージャーの

役割を明らかにしている。

　第2部「実証編」では、中国進出外資系銀行の元銀行員を対象とした実証研究の調査データに基づき、中国進出外資系銀行における銀行員の離職要因を究明し、実証研究から導かれた含意を明らかにしている。

　第1章では中国銀行業制度の発展と特徴をモノバンク制度、二層銀行制度、現代銀行制度の区分に則して論じる。中国銀行業の歴史を辿りながら、マクロの面から中国の金融システム改革が金融制度の面でどのように進展しているか、近代中国銀行業における人的資源管理評価システムと賃金制度は中国の金融システム改革にどのように影響を受けたかを分析している。

　第2章では中国市場における外資系銀行の現況を取り上げる。具体的には、中国進出外資系銀行の概況、進出形態、経営規模、日欧米系銀行の概況、経営規模と質、顧客層と業務展開が含まれている。

　第3章では中国進出外資系銀行の人材流出の概況を離職率、従業員数の推移、外資系銀行のパフォーマンスの視点から検討している。

　第4章では前章で取り上げた先行研究を踏まえ、銀行業に対しての離職モデルを構築し、仮説を引き出している。

　第5章は予備調査に当てられる。まず、先行研究をもとにして、中国進出外資系銀行を代表する日欧米系銀行の元銀行員に対し、インタビュー調査を行う。次に、先行研究とインタビュー調査の結果に基づき、モデルにおける尺度を確定し、アンケートの質問紙を作成する。予備調査を行った後、統計分析によって尺度を修正している。

　第6章は本調査に当てられている。本章は第5章で修正したアンケート調査表を用いて、本格的な調査を実施する。収集されたデータを統計的手法

で解析することによって、中国進出外資系銀行における銀行員の離職要因を分析し、本研究の仮説を検証する。

　終章では、中国進出日欧米系銀行に対して、前章で究明された離職要因に応じた改善策を提言し、人材確保における残された課題を提示している。

目 次

まえがき ……………………………………………………………………… i

序章　人材確保戦略の構築はなぜ再検討が必要なのか

1. 人材確保に求められている課題 …………………………………………… 2
2. 本書の狙いと特徴 ……………………………………………………………… 6
3. 実証研究の対象企業の選定 ………………………………………………… 7
4. 実証研究の目的とリサーチクエスチョン ……………………………… 9
5. 研究方法 ……………………………………………………………………… 10

第 1 部　人的資源管理と離職行動に関する理論的考察

第 1 章　人的資源管理とは何か

1. 人的資源管理の概念 ………………………………………………………… 16
2. 人的資源管理理論発展の歴史 …………………………………………… 17
3. 人的資源管理実施のフレームワーク …………………………………… 19
　3.1　人的資源管理システム　19
　3.2　人的資源管理実施モデル：Ulrich のビジネスパートナーモデル　22
　3.3　ラインマネージャーの役割　25

第 2 章　組織における個人の離職行動に関する諸モデル

1. March & Simon 離職モデル ………………………………………………… 28
2. Mobley モデル ……………………………………………………………… 31
3. Price-Mueller モデル ……………………………………………………… 33

4. 他の学者の研究 ··· 36

第3章　人材確保のための人的資源管理

1. モチベーション理論に基づく人的資源管理 ················· 40
　1.1　コンテント理論　42
　1.2　プロセス理論　46
2. モチベーションと人材確保との関連 ····················· 50
3. モチベーションを向上させるには ······················· 50
4. モチベーション向上に人的資源慣行 ····················· 53
　4.1　パフォーマンス管理　53
　4.2　報酬管理　57
　4.3　公平　67
　4.4　ジョブデザイン　68
　4.5　タレント・マネジメント　70
　4.6　ラインマネージャー　70
5. 銀行業における人材確保の先行研究 ····················· 71
　5.1　銀行の求める人材像　71
　5.2　ナレッジワーカーの定義と特徴　72
　5.3　ナレッジワーカーを確保するためには　73
　5.4　他の学者の研究　74
6. 先行研究からの知見 ··································· 76

**第2部　離職モデルの実証——
中国進出外資系銀行の事例研究を中心に**

第1章　中国銀行業の発展と人的資源管理の沿革

1. 中国銀行業の発展 ……………………………………………………………… 82
   1.1　第1段階　モノバンク（単一銀行）（1949-78）　82
   1.2　第2段階　二層銀行制度段階（1978-93）　82
   1.3　第3段階　近代銀行体系（1994以降）　84
2. 中国銀行業における人的資源管理の沿革 …………………………… 86
   2.1　評価制度の発展　86
   2.2　賃金制度の発展　89
3. 中国銀行業の発展からみた人材確保戦略 …………………………… 96

第2章　中国市場における外資系銀行の現況

1. 中国進出外資系銀行の概況 …………………………………………… 100
   1.1　外国銀行の現地法人形態での中国進出　101
   1.2　中国における外資系銀行の経営規模　105
2. 中国進出欧米系銀行と日系銀行の概況 ……………………………… 106
   2.1　中国進出欧米系銀行と日系銀行の経営規模　108
   2.2　中国進出欧米系銀行と日系銀行の経営の質　112
   2.3　中国進出欧米系銀行と日系銀行の業務展開　113
   2.4　中国進出欧米系銀行と日系銀行の顧客層　115

第3章　中国進出外資系銀行の人材流出

1. 中国進出外資系銀行の人材流出の概況 ……………………………… 118
2. 中国進出外資系銀行の人材流出が銀行業績に及ぼす影響 ………… 122

3. 中国進出外資系銀行を含む外資系企業における人材流出の原因 …… 126

第4章　本研究構想の離職機能分析的モデル

1. 本研究構想の離職機能分析的モデル ……………………………… 132
2. 本研究構想の離職モデルにおける各変数の定義 ………………… 136
3. 仮説提起 …………………………………………………………… 139
4　実証研究の方法 …………………………………………………… 140

第5章　質問項目の作成と予備調査

1. 項目作成のためのインタビュー調査 ……………………………… 144
　1.1　日欧米系の元従業員へのインタビュー調査報告　144
2. 離職モデルにおける各変数の尺度作成 ………………………… 146
　2.1　機会　147
　2.2　一般教育　148
　2.3　自主権　148
　2.4　配合の正当性　149
　2.5　手続きの正当性　149
　2.6　仕事のストレス　150
　2.7　賃金水準　151
　2.8　プロモーションチャンス　151
　2.9　仕事のルーチン化　153
　2.10　仕事の充実感　153
　2.11　能力適性と配属のミスマッチ　153
　2.12　ラインマネージャー　154
3. 予備調査 …………………………………………………………… 155
　3.1　予備調査の実施　155
　3.2　予備調査の分析結果と考察　156

第6章　実証研究における本調査

1. 本調査の実施 ………………………………………………………………… 174
　　1.1　調査対象と調査項目　174
　　1.2　データ収集　174
2. 本調査の分析結果 …………………………………………………………… 177
　　2.1　対象者の概要　177
　　2.2　信頼性の確認：I-T 相関分析とクロンバックの α 係数　179
　　2.3　妥当性の検証：確認的因子分析（Confirmatory Factor Analysis）　179
　　2.4　記述統計　185
　　2.5　人口統計学的変数の差異　189
3. 調査結果の考察と仮説の検証 …………………………………………… 191
　　3.1　調査結果の考察　191
　　3.2　仮説の検証　196

終章　総括と提言

1. 人材確保における課題 …………………………………………………… 200
2. 人材確保のための人的資源管理施策 ……………………………… 201
3. 実証研究の概要 …………………………………………………………… 202
4. 実証研究の結論と提言 …………………………………………………… 203
5. 残された課題 ………………………………………………………………… 210

あとがき …………………………………………………………………………… 212

注 ……………………………………………………………………………………… 214
参考文献 …………………………………………………………………………… 220

付録・・・ 248

    付録1　予備調査におけるアンケート調査票　248

    付録2　本調査におけるアンケート調査票　256

序　章

人材確保戦略の構築は
なぜ再検討が必要なのか

1. 人材確保に求められている課題

　既存の人的資源管理理論に関する研究は、大きく「人的資源管理のコア理論」、「人的資源管理の慣行」、「現代的な人的資源管理の課題」に分かれる。

　人的資源管理のコア理論において、ほぼ戦略的人的資源管理（SHRM：Strategic Human Resource Management）が企業の競争優位の達成にあたっての役割や、組織業績との関連などの問題に焦点が当てられている。例えば、SHRM論の発達に大きな影響を与えたマイケル・ポーター（Porter, 1985）は著書『競争優位の戦略』の中で「戦略的に人的資源を活用することの重要性」を明示した。ポーターが提唱したバリュー・チェーンにおいて、人的資源管理は企業価値を創造する支援活動と位置付けられている。企業競争力の源泉の一つとなった人材を戦略的に管理することは企業の競争優位の達成に繋がるとポーターは主張している。

　組織業績については、業績を向上させるための人的資源管理のアプローチがよく議論されている。特にユニバーサリスティック・アプローチ（Universalistic Approach）とコンティンジェンシー・アプローチ（Contingency Approach）である。ユニバーサリスティック・アプローチの見方は、特定のHRM（人的資源管理）慣行の採用と組織パフォーマンスの向上との間に関係性が存在することを前提としている（Delery & Doty, 1996）。組織の戦略目標にかかわらず、ベスト・プラクティス・アプローチ（Best Practice Approach）というHRM慣行と施策を選択すれば、組織は優れたパフォーマンスを獲得することができる（Huselid, 1995）。それに対して、コンティンジェンシー・アプローチは、異なる組織戦略に適合

する有効なHRM慣行も異なると主張しており、ベスト・フィット・アプローチ（Best Fit Approach）とも呼ばれる。より高い組織パフォーマンスは、企業戦略と人的資源管理との相互作用から導かれる。ビジネス戦略に沿っていないHRM慣行は、各施策同士が一貫しないため、個人や組織のパフォーマンスの低下を生じさせる（Schuler & Jackson, 1987；Schuler, 1989）。これらのコア理論に関する研究は他の人的資源管理研究の土台となっている。

　次に、人的資源管理の慣行において、人的資源管理計画慣行、採用慣行、業績評価慣行、トレーニング、報酬制度、雇用関係などの慣行が含まれている。企業はこれらの慣行を通じて、ヒトという経営資源を効率的かつ効果的に活用し、経営上の目的を達成する。人的資源管理の慣行に関する研究は数多くなされている。これらの研究は、主に企業のパフォーマンスと人材確保・育成という2つの側面に焦点を置く。人材確保・育成に関する研究において一例を挙げれば、Lindholm他（1999）が欧米式パフォーマンス評価に関して、70社の中国進出欧米企業のインタビュー調査と1社の事例研究を行った結果、欧米の業績評価制度をそのまま中国子会社に適用している企業の割合が高く、現地の従業員が欧米の業績評価制度における各要素に満足していることが明らかになった。また、パフォーマンス管理における目標設定への参加、昇進機会の提供、フィードバックといった要素は現地従業員の満足度の向上に寄与することが究明された。

　現代的な人的資源管理の課題については、企業の社会的責任（CSR：Corporate Social Responsibility）としての人的資源管理および国際人的資源管理（IHRM：International Human Resource Management）の特徴

と機能が挙げられる。Lis（2012）がポリシー・キャプチャリング法を用い、CSRの商品、環境、多様化、雇用関係といった4つの側面が、就職活動の応募者が感じる企業の魅力にどのような影響を与えるかを究明した。その結果、CSRの各ディメンションを重視した組織は、応募者にとってより魅力的であることが明らかになった。さらに、LisはCSRと人的資源管理を統合すれば、高度に熟練した従業員が獲得でき、持続可能な人材育成が成し遂げられると主張している。また、多国籍企業に着目した国際人的資源管理研究の中で注目されているのは白木三秀氏の研究である。白木（2006）は海外現地法人における現地の業務オペレーションや人材配置に関わる議論をまとめたうえで、800社前後の日系海外子会社に対するアンケート調査から得た定量的データを用いて、海外現地法人における現地中間管理職層のローカル化と、現地法人利益率の向上との有意な関係をOLS（Ordinary Least Squares regression）重回帰分析によって明らかにした。そしてさらに、白木氏はアジア地域に絞って、進出した日系企業と欧米系企業をケーススタディとして取り上げ、比較分析を行った。その結果、日系企業が欧米系企業と比べ、日系企業の「多国籍内部労働市場」では特に管理職層において、本国籍フィルタをより強くかけて、日本国籍人材に依存していることが明らかになった。

　このように、従来の人的資源管理の研究において、人材確保に関する研究は多くあるが、統計的な手法を用い、人材流出の要因を特定する実証研究は欠如している。従業員の離職はどのような要因によるのかを理解しなければ、具体的な対応策を講じることは困難であると考えられる。

　一方、心理学と社会学分野において、離職に至るまでの行動プロセスや

要因を究明するための研究が多くなされている。1958年、アメリカの社会学者Marchと心理学者Simonは知覚された転職の望ましさと知覚された転職の容易さを要因とした離職モデルを提唱した。March & Simon離職モデルは離職行動研究に大きな影響を与えている。その後のPrice（1973）離職モデル、Mobley（1977）離職モデル、Steers & Mowday（1981）離職モデル、Bluedorn（1982）離職モデルは、いずれもMarch & Simon離職モデル概念に基づき、新たな知見を取り入れたものである。研究が進むとともに、従属変数は知覚された離職希望の代わりに離職行動となった。離職要因以外にも、離職過程が重視され、次第により多くの独立変数が組み込まれた。また、媒介変数として、職務満足感のほか、組織コミットメントと従業員参加などの変数が追加された。

　しかしながら、これらのモデルをもとにした研究のほとんどはモデルの実証にとどまる（Arnold & Feldman, 1982；Carsten & Spector, 1987；Hom & Griffeth, 1991；張・張, 2006）。つまり、これらの研究では、統計手法を用い、既存の離職行動モデルにおける各変数と離職との関連性を検討したうえで、従業員の離職要因を究明し、モデルの検証を行う。究明された離職要因に対する検討、すなわち形成要因とその改善策などの分析と提示がなされていない。人材確保戦略を立てるうえで、従業員の離職要因を特定するだけでなく、離職要因の裏にあるものを掘り下げ、分析すべきであり、上記の人的資源管理理論を活かした解決策を講じるべきではなかろうか。

2. 本書の狙いと特徴

　上記のように、人的資源管理研究において、統計手法を用いた離職要因を特定する研究は限られており、社会学・心理学分野における離職行動研究において、研究結果に対する人的資源管理上の考察・検討は欠如している。また、業界と職務が違えば、離職に至る要因も違う。人材確保戦略を構築するにあたって、業界・職務の特徴を考慮に入れ、ユニバーサリスティック・アプローチより、コンティンジェンシー・アプローチの方が適切だと考えられる。言い換えると、人材流出防止については、研究対象の状況に即して対応する必要があると考えられる。

　では、従業員の離職要因がどのように特定できるのか、要因が特定された後人的資源管理理論をどのように状況に適応し、分析するのか、対応方法をどのように構築するのか。こうした一連の問題に答え、人的資源管理理論、離職行動モデルを再検討するとともに、研究対象に即した離職機能分析的モデルを構築することが本書の狙いである。

　本書の特徴としては、まず第1に、人的資源管理独自の理論というより心理学、社会学などに基づいた理論を応用していることである。本書では、第1部の理論編で、人的資源管理の基礎理論に限らず、心理学に基礎を置くモチベーション理論を取り上げ、心理学・社会学分野における離職行動モデルを検討する。第2部の実証編では、心理学的アプローチに基づき、研究対象の状況に応じて、独自の離職機能分析的モデルを提起する。

　また本書の特徴の第2は、理論と実践を融合していることである。本書は人材確保戦略、離職行動研究の領域に足場を置いているが、単なる理論、

実証研究にとどまらず、実戦の場でも役立つ離職要因を測定する方法とその後の対応方法が提示できると考えている。

3. 実証研究の対象企業の選定

　本書では、第2部の実証編で、中国に進出した日系銀行の3行と欧米系銀行の4行を実証研究の対象とする。具体的には、日系の三菱UFJ銀行（中国）（以下「MUFG（中国）」という）、三井住友銀行（中国）（以下「SMBC（中国）」という）、みずほ銀行（中国）（以下「みずほ（中国）」という）、欧米系のHSBC銀行（中国）（以下「HSBC（中国）」という）、ハンセン銀行（中国）（以下「ハンセン（中国）」という）、シティバンク（中国）（以下「Citi（中国）」という）、オーストラリア・ニュージーランド銀行（中国）（以下「ANZ（中国）」という）である。これらの銀行は各自の母国の銀行業において巨大銀行で、自国を代表する銀行である。

　近年、中国進出外資系銀行が人材流出問題に直面している。WTO（World Trade Organization：世界貿易機関）に加盟後、外資系銀行の市場参入が中国銀行業の成長をもたらした一方、中国銀行業に高離職率も及ぼした。外資系銀行が洗練された金融ノウハウと優れた人事給与システムを有しているため、現地人材は中国ローカル銀行から外資系銀行に流れた。しかし、この状況は2013年に大きく変わった。PwC（Price waterhouse Coopers）が行った「中国進出外資系銀行2013」[1]調査によると、2013年に、金融危機によるパフォーマンスと安定性の低下で外資系銀行は人材市場での競争優位性を失ったという。EY（Ernst & Young）の2013年度の年次調査[2]によれば、調査した38行外資系銀行のうち26行の離職率は10％を超

えていたという。一方、中国国有銀行はキャリアが実現できる環境と仕組みを整備しているため、新卒と豊富な経験を有している人材を惹きつけていた。2016年上半期に中国での5大商業銀行において、最も高い離職率は3%未満である[3]。これとは対照的に、同年度外資系銀行の平均離職率は20%を超えた（融資中国, 2021）。

　また、外資系銀行のうち日系銀行と欧米系銀行それぞれの離職率が公開されていないので断言できないが、欧米系銀行と日系銀行は中国進出外資系銀行の総資産額の83.53%を占めているため、外資系銀行の平均離職率が高いということは、日欧米系銀行の離職率が高いことを意味すると考えられる。それに加え、人材派遣大手の中智（CIIC）の行った調査によれば、全体的に中国に進出日系企業と欧米系企業の離職率が高いことが明らかになっている。2015年から2019年まで、銀行を含め、日系企業の平均離職率は14.74%で、欧米系企業の平均離職率は15.42%に達している（中智諮詢人力資本数据中心, 2019）。これらの数字から、日欧米系銀行の離職率も高いと推測できる。

　優秀な人材流出は外資系銀行の業績リスクを生じかねない。WTOに加盟後、外資系銀行の総資産額が著しく増加したとはいえ、2011年から外資系銀行の総資産額は中国銀行業総資産額における割合が年々減少しており、2011年の1.93%から2017の1.28%に低下した[4]。中国進出外資系銀行にとって、人材流失は総資産額減少における重要な要因の一つであると考えられる（詳細は第2部第3章を参照）。人材が企業にとって重要な資産で、高い離職率が低い組織パフォーマンス、高い採用コストとトレーニングコストに繋がることがすでに明らかになっているため（Ulrich他, 1991）、中

国進出外資系銀行の代表である日系銀行と欧米系銀行は人材のリテンションに取り組むべきだと考えられる。

　また、銀行における職種は大きく分けると、3つの種類がある。すなわち「フロントオフィス」、「ミドルオフィス」、と「バックオフィス」である。各職種の業務はそれぞれ異なっている。そこで、本研究は「フロントオフィス」、「ミドルオフィス」、と「バックオフィス」3つの職種における銀行員を調査対象として、職種別に検討する。

4. 実証研究の目的とリサーチクエスチョン

研究目的

　本研究は、以下の2つの課題に取り組むことを目的とする。

　第一に、実証研究ではWTO加盟後の10年間における中国進出外資系銀行の銀行員の離職率および銀行員数の推移を考察し、中国進出外資系銀行における人材流出の実相を吟味したうえで明らかにする。

　第二に、中国進出外資系銀行における人材確保に関してのさまざまな問題を把握することができるため、得られた結果が中国進出外資系銀行における人材確保施策の改善のための一助となることも本研究の目的の一つである。

リサーチクエスチョン

　前記の研究目的を達成するために、本研究では、以下の3つのリサーチクエスチョンを設定する。

　最初に、既存の離職要因尺度が中国進出外資系銀行における銀行員の離職要因を測定することができるのか。

第2に、中国進出外資系銀行における銀行員が離職する要因は何か。

第3に、本研究の結果から得られた中国進出外資系銀行における人材確保施策の改善のための一助となる知見と提言は何か。

5. 研究方法

中国進出外資系銀行における人材流出と人材確保に関する先行研究は極めて少なく、結論に説得力を持たせるため、本書では質的側面に焦点を当てると同時に量的側面にも注目する。実証編では、文献レビューを踏まえ、インタビュー調査法という定性的研究法を用いて質的データを収集する。次に、これらの研究結果に基づき、アンケート調査法、統計分析を用いて、定量的研究を行う。具体的には以下の通りである。

文献研究法

文献研究は実証編における欠かせない存在である。まず、課題設定の段階では、関心のある銀行業における人材流出および人材確保というテーマに関する先行研究を網羅し、独自の視点から取捨選択したうえで、実証研究の課題を設定する。次に先行研究のレビューの段階で、関連した課題に関する研究を調べる。例えば、中国進出日系企業における人材流出の実態、中国銀行業の現状、中国銀行業における外資系銀行の概況などが挙げられる。実証編ではこれらの既存研究が、研究テーマに関して、すでに何をどこまで明らかにしたかを検討したうえで、問題意識と目的を明確にする。また、仮説設定の段階では、離職行動に関する諸モデル、ナレッジワーカー（knowledge worker：知的生産物を創造する労働者）の関連理論、モチベーション理論などの人的資源管理理論を把握して仮説を引き出す。最後に、

実証研究の段階では先行研究の理論をベースに尺度を開発する。

インタビュー調査法

　調査対象が離職と動機付けに対する考え方や意識などをより深く理解するために、本研究はインタビュー調査法を実施する。まず、これまで行われてきた先行研究をまとめたうえで、リサーチクエスチョンを設定し、インタビューを行う。研究対象銀行の元銀行員と1対1でインタビューをすることによって、彼らの感想と決意、さらにその決意に至る経緯を詳しく尋ねる。また、質問形式については、半構造化インタビューを用いる。インタビューの際には、まとめた大まかな質問の内容に従って、インタビューが行われる。回答に応じて質問の順番、仕方とタイミングを変えることが可能なため、相手の話を掘り下げることができる。さらに、インタビューは、文献調査で作成された予備尺度の実用可能性を検討する目的として行われる。

アンケート調査法

　実証編では、文献調査およびインタビュー調査法から得た結果をベースにし、離職行動に至る要因尺度を作成する。次に、対象銀行の元銀行員に離職アンケート調査をすることで、中国進出外資系銀行の人材流出の現状を測定する。また、「フロントオフィス」、「ミドルオフィス」、と「バックオフィス」という3つの職種それぞれの調査結果を検討したうえで、比較分析を行う。

統計分析法

　本研究はアンケート調査で測定されたデータを統計処理する。具体的には、尺度の妥当性、信頼性を検証するため、確認的因子分析を行う。また、

各項目の否定率を算出し、離職要因を究明する。さらに、t検定と一元配置分散分析を行い、各グループの特徴かつ違いの有無を探る。これらの分析にはIBM SPSSを用いる。

第 1 部

人的資源管理と離職行動に
関する理論的考察

第1章

人的資源管理とは何か

1. 人的資源管理の概念

　人的資源管理とは組織で働く人々の雇用、開発、および福祉を管理する戦略的、統合的な一貫性のあるアプローチで（Armstrong & Taylor, 2014）、会社の雇用関係の管理に関するすべての活動である（Boxall & Purcell, 2003）。Watsonは人的資源管理を「雇用の一部として、従業員が企業の事業活動を将来にわたって継続させるために、企業への強い忠誠心を持ちながら、知識や能力を活かして、努力するといった行動の管理に関わるタスクを実行すること」だと定義している[5]。

　人的資源管理の目的について、Armstrongによれば、人的資源管理は5つの目的がある。1つ目はビジネス目標を達成することを目的とし、ビジネス戦略と統合される人的資源管理戦略を構築・実行することである。2つ目は高い業績を追求する組織文化を創ることである。3つ目は会社に対する「愛着心」を持ち、必要な才能がある熟練した人材を確保することである。4つ目は会社と従業員の間にポジティブな雇用関係を築き、相互信頼の風土を作ることである。最後に、論理的な意思決定を重視することである（Armstrong & Taylor, 2014, p.6）。

　また、人的資源管理の方針はビジネス戦略に統合されるべきである。Keegan and Francisによると、人事業務は現在、ビジネス上の問題として扱われている。それはビジネスの整合性と戦略的適合性に焦点を当てているということである（Keegan & Francis, 2010）。Leggeは、人的資源管理政策は戦略的ビジネスプランと一体化する必要があり、優れた組織文化を強化し、悪い状態となった組織文化を変えるツールとして取り扱われ

るべきである、と提唱している。また、人的資源が競争力の源泉で価値の高い資産であり、企業は人的資源の活用を最も効果的にかつ継続的に実行するには、相互支持的な一貫性のある方針を固めるべきである。その結果、企業は従業員からの高い組織コミットメントが得られ、さらに環境の変化に適応できる組織づくりおよびビジネス目標達成のために柔軟に行動するという従業員の意欲を培える、とLeggeは主張している[6]。

2. 人的資源管理理論発展の歴史

　欧米での人的資源管理理論の発展は人事管理・人事労務管理から人的資源管理へと移行する過程である。1954年、"マネジメントの父"と呼ばれるドラッカーは『The Practice of Management』という本の中で、「人的資源」という概念を提案した（Drucker, 1954）。この本において、「人的資源」という概念の登場に限らず、ドラッカーはその時代の人事労務管理を批判した。彼によると、人事労務管理には以下の3つの誤認がある。

1. 人々が働きたくないと思っていることを前提としている。
2. 仕事と労働者の管理が、経営者の役割における重要な一部だとみなされていない。
3. 人事労務管理の焦点は事後的な「トラブルシューティング」の活動になる傾向がある。つまり、問題が発生した時、原因を特定し、それを解消するために行動を起こす。

　その後、Bakke（1958）は、人的資源管理機能はビジネスの成功のために、財務、生産、マーケティング、その他の経営機能と同様に重要であるにもかかわらず、無視されている機能だ、と指摘している。さらに彼は、人

事労務管理と人的資源管理の7点の違いを提出している。その中の一つは、人的資源機能が、人事・労使関係に関連する福利厚生および報酬活動だけでなく、組織における従業員間の人的資源に関するあらゆる活動を包含していることである。

　その後の20年間、人事労務管理と人的資源管理の概念が混同されていた。そして、1980年代、多くの研究者が、実務家や研究者を従来の雇用関係の見落とされてきた側面に着目させるため、労働者の管理に関する「知」を理論化することに取り組んできた。この段階では戦略的人的資源管理（SHRM）が登場し、事後的な人事労務管理とプロアクティブな人的資源管理の概念が明確に区別された（Dyer, 1983, Beer et al., 1984, Golden & Ramanujam, 1985, Guest, 1989など）。

　人的資源管理理論の発展における次の段階は、ビジネスパートナーである。1997年、Ulrichは「ビジネスパートナーモデル」を提案し、人的資源管理がビジネスパートナーとして担っている役割は、「人事異動・配置転換」、「戦略的人的資源管理」、「業務プロセスの再設計」、「従業員コミットメントの創造」の4つであると主張している。また、Ulrichは従業員の士気の向上など人的資源管理の実践は、ラインマネージャーの日常業務の一部であると指摘している。

　欧米の産業界では、学術界と同様に、人的資源管理の役割が徐々にビジネスパートナーへと変化してきた。人的資源管理部門が各役割に割く時間の割合を見ると、1990年から2004年の間に従来の人事業務（人事情報の蓄積と整理）に割かれる時間が大幅に減少した一方で、経営パートナーとして戦略的な役割の時間が大きく増加していることがわかった（Lawler et al., 2006)。また、人的資源管理の実務者は、マーケティングやファイナンスのプロと同様に、人的資源管理のプロとして人的資源管理論に精通することが求められている(平野, 2011)。これを裏付けるように、欧米のほとんどの大学では、人的資源管理を経営学と同様に、専攻として設けている。このように、アカデミアと産業界の共通のニーズによって人的資源管理理論の発展が促進されてきた。

3. 人的資源管理実施のフレームワーク

人的資源管理を実施するフレームワークは「人的資源システム」、「組織戦略に適合する人的資源管理慣行」、「人的資源管理実施モデル」という3つの要素から構成される。このフレームワークにおいて、実際に人事戦略を実行する活動は、採用された具体的な人的資源管理慣行および人的資源管理実施モデルに基づき、人的資源管理の機能によって定められる(Armstrong & Taylor, 2014)。言い換えると、組織が違えば求められている人的資源管理の機能も違う。組織戦略に沿った特定の人的資源管理の機能を効果的に発揮させるために、ベストプラクティスではなく、最適なテクニックや人的資源慣行などを構築することである。また、人的資源管理実施のフレームワークを実施することはラインマネージャーの役割であるとも指摘されている。

3.1 人的資源管理システム

人的資源管理システムには、人的資源管理の目標を達成するために、相互に関連し、一貫性のある人的資源管理慣行と活動が含まれている

（Armstrong & Taylor, 2014）。従来の人的資源管理は、お互いに独立している複数の慣行の集合体として捉えられている。より戦略的な人的資源管理システムアプローチは、人的資源管理を相互に作用する統合的な慣行の“束”（Bundle）であるとみなしている。**図表1.1**は人的資源管理システムの構成要素を示したものである。

図表1.1に示すように、人的資源管理システムにおいて中心的な役割は人的資源戦略、ポリシーと、慣行を策定することである。人的資源管理担当者が人的資源管理の理念をもとに、人的資源戦略・ポリシー・慣行を立てる。そして、組織の内部および外部環境、企業の社会的責任、人的資本管理がこの策定に影響を与える。このシステムの下半分に組み込まれているのは人的資源慣行である。

人的資源管理の理念が従業員を管理する際に採用された価値観と指導原則のことである。組織の内部および外部環境はそれぞれ、企業組織内部の状況（組織の強み、弱みなど）と組織を取り巻く経営環境（市場の変化など）を指している。人的資源管理戦略とは人的資源管理における業務領域を決める方向性のことである。人的資源管理ポリシーは特定の人的資源管理の領域でどのように人的資源管理施策を実行するかというガイドラインを定義する。人的資源管理慣行（HR Practices）は大きく分けると、「組織」、「人材資源化」、「学習と能力開発」、「報酬管理」、「ER」という5つの領域がある（Armstrong & Taylor, 2014）。最初の4つの領域は従業員の管理と育成に関する人事管理のことで、ERは雇用関係の管理を指している。具体的な人的資源管理慣行の例として、従業員の報酬プログラムが効果的か否かを測定する方法を考案することが挙げられる。これは報酬管理領域にお

図表 1.1　HRM システム

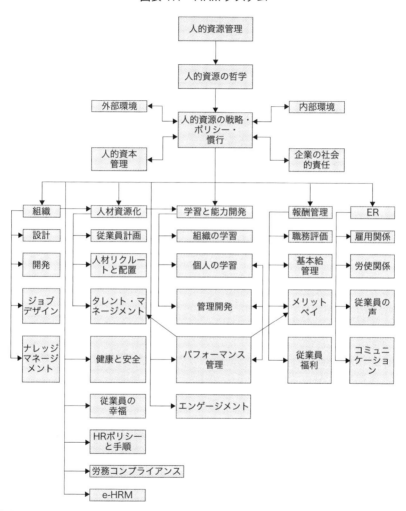

出所：Armstrong, M. and Taylor, S., 2014. *Armstrong's Handbook of Human Resource Management Practice*, 13Th Edition. London：Kogan Page 37 より筆者作成

ける慣行と関わるが、**図表1.1**に示すように人的資源管理慣行は相互に関連しているため、パフォーマンス管理、タレント・マネジメントなど、多くの慣行にも関連している。また、人的資源慣行の本質的な特徴は戦略的である。人的資源慣行は組織における人的資源の有効活用をサポートする基盤ともいえる。

人的資源管理を行うにあたり、人事業務担当者がこのシステムに従い、自組織の人的資源管理の理念をまとめ、組織内外の状況を考慮に入れ、組織ビジョンに沿った人的資源戦略と人的資源ポリシーを定め、ふさわしい人的資源慣行を考案したうえで、具体的な人的資源管理活動を選択する。人的資源管理活動（HR Activities）とは、人的資源管理慣行によって決定された任務を実行するための日常的な人事管理業務のことである。例えば、給与の支払い、トレーニングの実施、従業員の募集、残業管理などが挙げられる。

3.2　人的資源管理実施モデル：Ulrichのビジネスパートナーモデル

Armstrongによると、人的資源管理の機能はある意味で、人事管理業務を実施するということである。つまり、人事管理業務に関わるアドバイスやサービスの実施により各部門のラインマネージャーが従業員を働かせることを可能にする（Armstrong & Taylor, 2014）。

最も有名な人的資源管理実施モデルは1997年、Ulrichによって提唱された「ビジネスパートナーモデル」である。Ulrichによると、人的資源管理を定義する際に注目すべき点は、何をするかではなく、何を成し遂げるかということである。この成し遂げることとは組織の問題解決を意味し、顧

図表 1.2　ビジネスパートナーモデル

将来に向けた戦略（Future / Strategic Focus）

戦略的パートナー (Strategic Partner) 戦略的人的資源管理	チェンジエージェント (Change Agent) 人事異動・配置転換
管理専門家 (Administrative Partner) 業務プロセスの再設計	従業員のチャンピオン (Employee Chanpion) 従業員コミットメントの創造

プロセス（Process）　　　　　　　　　　　　　　　　　　人材（People）

日常運用上のフォーカス（Day-to-Day / Operational Focus）

出所：Ulrich, D.（1997）. *Human resource champions : the next agenda for adding value and delivering results*. Boston：Harvard Business School Press. より筆者作成

客、投資家、従業員にとって企業の価値を高める結果に導く。Ulrichは「ビジネスパートナーモデル」を通じて、人的資源管理を実施するにあたっての4つの役割を提唱している。

「ビジネスパートナーモデル」は**図表1.2**に示すように、縦軸は人的資源管理が重点を置くべき部分を表しており、横軸は人事業務を表している。Ulrichは、短期的にも長期的にも、将来に向けた戦略上のフォーカスおよび日常運用上のフォーカスの両方に焦点を当てるべきだと主張している。一方、人事業務はビジネスプロセス管理と人材管理の両方の側面を含める。人事専門家は人事業務を行うことを通して、コア・コンピタンスを創出し、組織に付加価値を与える。この2つの軸によって分けられた4つの象限は人的資源管理が果たす4つの役割を表している。それぞれは、「チェンジエージェント」、「戦略的パートナー」、「管理専門家」、「従業員のチャンピオン」

である[7]。

　第一象限の「チェンジエージェント」とは、円滑に人事異動や配置転換を行う役割のことである (Ulrich, 1997)。チェンジエージェントが人事異動コストを最小限に抑えるため、人事専門家は従業員に関する知識と管理技術を身につける必要がある (Gomez-Mejia他, 2001)。左上の第二象限の「戦略的パートナー」は人的資源管理にあって最も重要な役割である、とUlrichが述べている。人事専門家が人的資源管理の戦略を立てる際には、ただ提示されたビジネス戦略に応じるだけではなく、ビジネスの戦略と効果的かつ効率的に調和することができなければならない (Ulrich, 1997)。第三象限の「管理専門家」は、組織を効率的に再設計する優れた業務プロセスを備えることを指している (Bratton & Gold, 2017)。言い換えると、人的資源管理は業務プロセスを改善することを通し、組織の効率性を確保する役割を持っている (Ulrich, 1997)。右下の第四現象にある「従業員のチャンピオン」とはより良い組織を目指して、従業員に優しい環境を整え、従業員のコミットメントを創造することである (Ulrich, 1997)。従業員のチャンピオンの役割を果たすには、従業員の声を聞き、従業員に十分なリソースを提供する必要がある (Bratton & Gold, 2017)。また、Ulrichは従業員の士気を向上させることがラインマネージャーの責任だと指摘し、人事専門家が従業員とのコミュニケーション、アンケート、ワークショップによって従業員の考え方や意見を収集し、さらに収集した情報を分析したうえで、管理層特にラインマネージャー・トレーニングを行うことも重要だと主張している[8]。

3.3　ラインマネージャーの役割

　Ulrichに限らず、多くの研究者は人的資源管理において、ラインマネージャーの重要性を明らかにしている。Larsen and Brewsterが4050名人事管理の実務担当者を対象としたアンケート調査を行い、人事管理上の役割はラインマネージャーに移譲されつつあることを明らかにしている（Larsen & Brewster, 2003）。その原因についてArmstrongは、人事部は新しい方針を決めた後、これらを実施する役割はラインマネージャーが担っていると説明している。Armstrongによれば、こうした役割の委譲について否定的だと思うラインマネージャーは、割り振られた施策実行の協力を拒否し、または実行を強制された場合、いい加減な気持ちで施策を実行する可能性がある。いずれにせよ、施策の推進は中途半端に終わることになりかねない。この点に関して、Guest and Kingは、より良い人的資源管理は、優れた人事施策の実施手順ではなく、ラインマネージャーによる実施およびラインマネージャーが自分の仕事として自主性や主体性を持って取り組む姿勢にかかっていることを指摘している（Guest & King, 2004）。

　Armstrongが執筆した『人的資源管理ハンドブック』では、ラインマネージャーの役割について検討している。Armstrongによると、ラインマネージャーがどの程度の役割を果たすかどうかに影響を与える主な要因は、ラインマネージャーの能力である。この能力は人事部門に割り振られた人事管理上のタスクを実行する能力のことで、職務設計、面接、パフォーマンスのレビュー、フィードバックの提供、コーチング、トレーニングなどが

含まれる。これらは対人管理上に関する能力のため、対人的知識とスキルが必要不可欠である。しかし他方で、一部のラインマネージャーはこれらの知識とスキルを持っているが、多くは持っていないとArmstrongは指摘している[9]。業績管理システムおよび業績関連の報酬プランは、未熟なラインマネージャーが原因で失敗する可能性が高いことも指摘している。

第 2 章
組織における個人の離職行動に
関する諸モデル

従業員離職研究の淵源は20世紀初頭にまで遡る。経済学者はマクロ経済の観点から、賃金、トレーニング、労働市場構造、および雇用機会が離職率に与える影響を研究していた。Simon（1957）は、離職は衝動的な決定ではなく、時間が経つとともに合理化される決意であると提唱した。March & Simon（1958）は知覚された転職の望ましさと知覚された転職の容易さが従業員離職の主な要因だと指摘し、最初の離職モデルを提案した。その後、離職研究は1970年代後半から80年代にかけて盛んに行われるようになり、離職モデルも継続的に改善されていた。Mobley（1982）が転職の心理的プロセスに関連する概念モデルを既存の経験的知見と統合的に理解することが有効であると指摘した。そこで、本研究は既存の代表的な離職モデルを取り上げることにした。

1. March & Simon離職モデル

　March & Simon（1958）は、組織にとどまるかあるいは離職するかの決定は、組織から従業員への働く気を起こさせるものと、従業員から組織への貢献のバランスにかかっていると主張している。貢献に対するインセンティブのバランスが大きくなると、個々の従業員が組織を離れる傾向が低下する。その逆の場合は離職を招く。March & Simonによると、このバランスは2つのメカニズムで表される機能であるという。すなわち、「知覚された転職の望ましさ」と「知覚された転職の容易さ」である。March & Simon離職モデルは**図表2.1**に示すように、この2つのメカニズムから構成されている。

　March & Simon（1958）によると、知覚された転職の望ましさは職務

図表 2.1　March & Simon 離職モデル

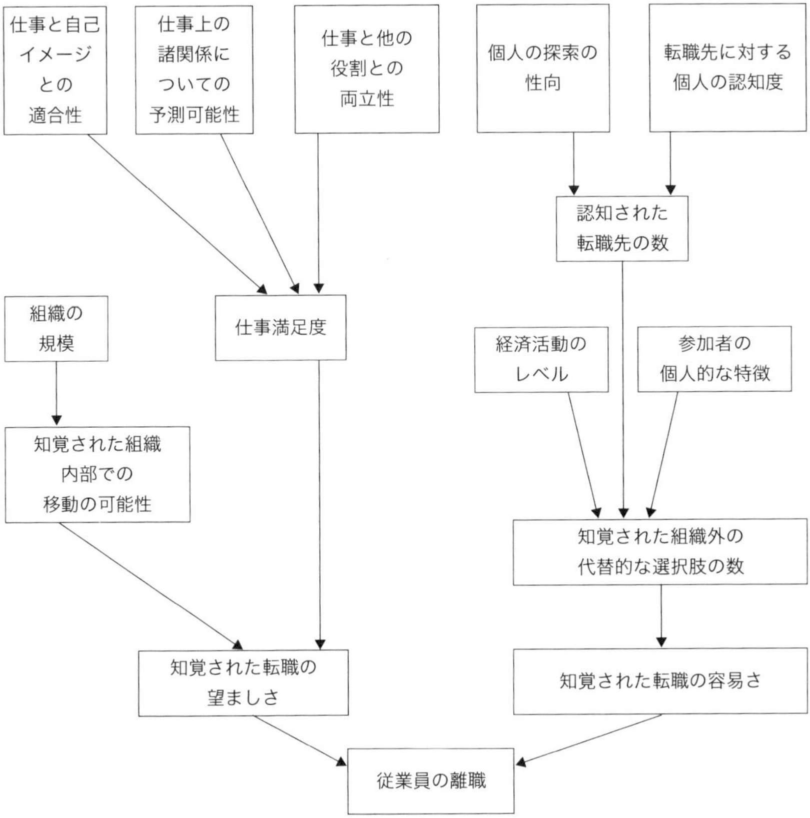

出所：March, J. G., & Simon, H. A.（1958）. *Organizations*. New York：Wiley. より筆者作成

満足度と知覚された組織内部での異動の可能性に依存する。このモデルは続けて職務満足度を決定する3つの要因を定義した。つまり、「仕事と自己イメージとの適合性」、「仕事上の諸関係についての予測可能性」、「仕事と

他の役割との両立性」である。また、個人が自分の仕事に非常に不満を抱いている場合、2つの選択肢がある。(1) 組織を辞めるか、(2) 組織内の仕事を変えるかである。そこで、March & Simonは、知覚された組織内部での異動の可能性を向上させることで、知覚された転職の望ましさを減少できると主張した。知覚された転職の望ましさとは、従業員個人が仕事に対する感情的な反応で、従業員の貢献と受けたインセンティブとのバランスを反映する。

　一方、2つ目のメカニズムである知覚された転職の容易さは、現在の仕事に定着することと転職先で得られるインセンティブとの比較を反映する。March & Simonは、知覚された転職の容易さを決定する要因は知覚された組織外の代替的な選択肢の数であると主張した。また、この選択肢の数は雇用機会の多寡と従業員の認識能力に強く関連している。具体的な要素は「経済活動のレベル」、「認知された転職先の数」、「参加者の個人的な特徴」である。March & Simonによると、経済活動の水準が低くなると失業率が上昇し、雇用機会が減少するという。その結果、より少ない組織外での代替的な選択肢の数が知覚され、個人が転職の難しさを感じ、現在の仕事に定着する傾向がある。また、認識される転職先の数が多ければ多いほど、知覚された組織外での代替的な選択肢の数も多くなり、従業員は離職する可能性が高い。そして、個人の特性は「労働市場での競争力」、「転職先に認識される能力」と「離職する意欲」を反映している。具体的には、性別、年齢、社会的地位、勤続年数が挙げられる。

　また、March & Simonは、この2つのメガニズムが関連していると指摘した。つまり、個人が仕事に強い不満を抱いている場合、知覚された転

職の望ましさは高いが、転職の難しさを感じるなら離職可能性は低くなる。一方、転職が容易でも、個人が仕事に対する満足度が高いなら、離職可能性も低くなる。したがって、知覚された転職の望ましさと知覚された転職の容易さが両方とも高い場合、従業員は離職する可能性が最も高いと考えられる。

2. Mobleyモデル

　仕事満足度と離職はネガティブな関係性があると多くの研究で一貫して主張されているが（Brayfield & Crockett, 1955, Locke, 1975, Porter & Steers, 1973, Vroom, 1964）、仕事満足度によって説明される離職の分散の割合（≤.40）は高くないことも明らかになったLocke（1976）。Porter & Steers（1973）は、既存の枠組みにとわられず、離職に至るまで意思決定の全体のプロセスをより深く理解すべきで、「去る志向」が離職プロセスにおいて、不満を経験した後の次の論理的ステップであると主張した。Mobleyは、これらの研究に基づき、1977年、従業員の離職プロセスモデルを提示した。

　Mobleyモデルは**図表2.2**に示しているように、従業員離職の意思決定プロセスは9つの段階に分けられている。従業員は現職について評価し（段階A）、ある程度の満足と不満を認知する（段階B）。不満が生じた場合、従業員は離職を考え始める（段階C）。次に、従業員は代替的な選択肢の探索について期待される実用性と離職することにより発生するコストを評価する（段階D）。代替的な選択肢の探索について期待される実用性の評価として、良い選択肢が見つかる可能性の評価、潜在的な選択肢に対しての望

図表 2.2　Mobley モデル

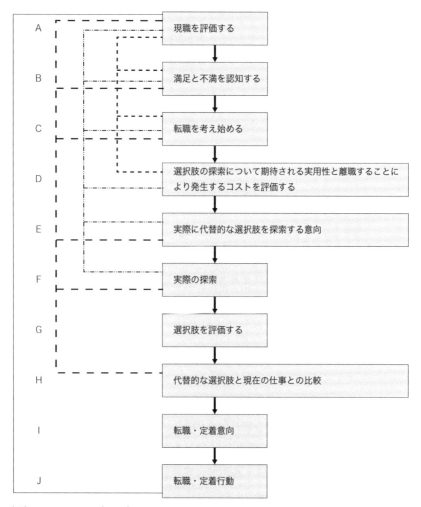

A　現職を評価する

B　満足と不満を認知する

C　転職を考え始める

D　選択肢の探索について期待される実用性と離職することにより発生するコストを評価する

E　実際に代替的な選択肢を探索する意向

F　実際の探索

G　選択肢を評価する

H　代替的な選択肢と現在の仕事との比較

I　転職・定着意向

J　転職・定着行動

出所：Mobley, W. H.（1977）. Intermediate Linkages in the Relationship between Job Satisfaction and Employee Turnover. *Journal of Applied Psychology*, 62, pp.237-240. より筆者作成

ましさの評価、探索コストの妥当性の評価などが挙げられる。Mobleyは、探索コストが高く、あるいは選択肢の探索について期待される実用性が低い場合、従業員はもう一度段階Aからやり直すと主張している。または、現実を受け入れ、離職をやめる可能性もある。

　逆に、従業員がより良い代替的な選択肢が存在していると認知され、離職コストも妥当であれば、従業員は実際に代替的な選択肢を探索する意向を持つようになる（段階E）。次の段階は実際の探索である（段階F）。この場合、気に入る代替的な選択肢がなければ、従業員は段階Aに戻って、改めて現職を評価し、あるいは段階Dに戻って、選択肢探索の実用性とコストの妥当性を確認すると、Mobleyは主張している。また、段階Dと同じ、離職する考えをやめることも結果の一つである。一方、良い代替的な選択肢が見つかった場合、従業員離職の意思決定プロセスは選択肢を評価する段階（段階G）に進む。段階Gの後に続く段階Hは代替的な選択肢と現在の仕事との比較である。それを比較したところ、現職のほうがよければ、段階A、段階D、段階Fのいずれの段階に戻る。あるいは、このまま現職を続ける。一方、代替的な選択肢のほうが現職よりも優れている場合は離職意向あるいは定着意向の形成が促進され（段階I）、離職行動、または定着行動は後に続いて行われる（段階J）。

3. Price-Muellerモデル

　Price（1975, 1977）は、March & Simon離職モデルに基づき、離職因果モデルを提示した。この離職因果モデルは、従属変数である離職に対する4つの独立変数と2つの媒介変数から構成される。4つの独立変数とは、

図表 2.3　Price-Mueller モデル

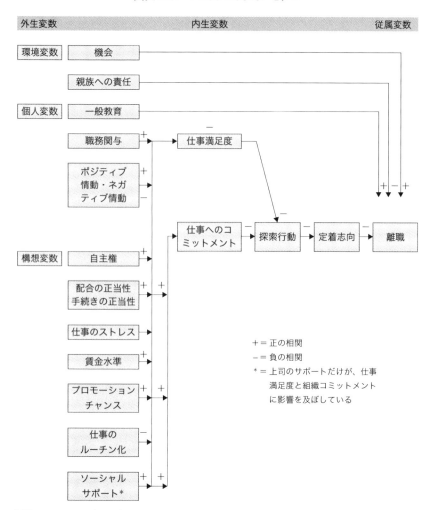

出所：Price, J. L.（2001）. Reflections on the Determinants of Voluntary Turnover. *International Journal of Manpower*, 22, pp.600-624.

「賃金」、「第一次集団」、「コミュニケーション」、「集権性」である。Price
によると、4つの独立変数の中、集権性のみが転職にポジティブ影響を与
える。そして、Price（1975, 1977）は、この4つの独立変数と離職の間に、「満
足度」と「機会」という2つの媒介変数を取り入れた。

　2001年PriceとMuellerは外生変数と内生変数の概念を取り上げ、改良
したPrice-Mueller離職因果モデルを提示した（Price, 2001）。**図表2.3**は
モデルの各変数の相互関係を示している。Price-Muellerの離職因果モデ
ルは**図表2.3**に示すように、「外生変数」、「内生変数」、「従属変数」、すな
わち「離職」から構成されている。外生変数は「環境変数」、「個人変数」、「構
想変数」である。内生変数は前の媒介変数から発展された変数で、「仕事
満足度」、「仕事へのコミットメント」、「探索行動」、「定着志向」から構成
されている。

　Priceが本モデルの適用範囲の特徴を定義した。まず、このモデルは資
本主義、民主主義国に最も適用される。研究のほとんどはこれらの国[10]で
行われているため、これらの国はモデルとして最適である。社会主義国で
モデルがどのように機能するかは明らかになっていない。また、このモデ
ルは、雇用主が従業員の労働や役務提供に対して給料を支払う組織のみ適
用できる。換言すれば、教会、労働組合などのボランティア団体ではうま
く機能しないのである。最後に、このモデルは雇用主との長期的な雇用関
係を求めている正社員に最も適している。これは正社員が派遣社員、アル
バイトと比べ、仕事に専念する程度が高いためであるとPriceは主張した。

　また、Price-Muellerモデルのもう一つの特徴は、年齢、性別、在職期
間などのデモグラフィック変数が含まれていないことである。既存の離職

モデルにおいて、デモグラフィック変数が決定要因または尺度として広く使われており、多くの研究で特定現象を説明することに役に立つのが明らかになった。しかしPrice & Kimは、離職率の変動がデモグラフィック変数の変化で正確に予測できないと指摘した（Price & Kim, 1993）。Price & Kim（1993）は、性別、年齢、学歴など、11のデモグラフィック変数が離職志向との関係性を究明することを目的とし、1504人の海軍医療従事者を対象にアンケート調査を行った。重回帰分析を実行した結果、学歴、勤務年数、性別、年齢、職種、職務等級という6つのデモグラフィック変数が離職志向に影響を与えることが明らかになった。これらの結果は勤務年数、性別、職務等級との3つのデモグラフィック変数に関する経験的一般化された現象を正当化した。その後、Price（1995）は、デモグラフィック変数が離職率変動に影響を与えるが、離職を起こす本質的な要因ではないため、離職の因果モデルを構築する際に、デモグラフィック変数をセオレティカル変数（theoretical variable）あるいは変数の測定尺度として採用することが不適切だと指摘した。同研究では、Priceはデモグラフィック変数を研究課題の究明に役立つ「セオレティカル変数の選択」、「モデルの完全性の確認」、「提案したモデルに対する経験的検証」、「組織のマネジメント」といった4つのフィールドで生かすことはデモグラフィック変数のあり方であると提唱している（Price, 1995）。

4. 他の学者の研究

　Becker（1964）は一般教育が離職決意に影響を与えると主張した。その後、Salehら（1965）は離職した看護師を対象に離職の決定要因を調査し

た。Parson（1972）は実証研究を行い、一般教育と離職の間にある負の関係性を明らかにした。また、Long（1972）、Comay（1972）、Leslie & Richardson（1961）、Miller（1976）は親族への責任も離職を生じる要因の一つであることを究明した。March & Simonの離職に関する理論を大きく発展した最初の人物はPorterとSteersである。Porter & Steers（1973）は昇進機会、上司との関係、外的報酬、勤務年数などの仕事関連要因および個人的な要因が離職に至る重要な要因だと主張している。彼らの研究は離職研究の歴史において重要な意義を有している。Porter他（1974）、Steers（1977）、Porter他（1976）、Koch & Steers（1978）は定着志向がコミットメントの下位項目だと見なされると主張した。Mobley（1977）、Mobley他（1979）は先行文献を分析した結果、コミットメントと自発的な離職との間には強い負の相関の認められたことを報告している。さらに、代表的な離職モデルとして、March & Simon離職モデル、Mobleyモデル、Priceモデルのほか、Steers & MowdayモデルとSheridan & Abelsonモデルが挙げられる。March & Simonは初めて組織へのコミットメントを媒介変数として、離職モデルを作った。Sheridan & Abelsonは他の学者と異なって、仕事満足度が離職に対して、最も有効な予測変数と主張し、離職は継続的な心理的変化のプロセスとして扱われなかった（Sheridan & Abelson, 1983）。そして、これらの研究は2001年のPrice-Muellerモデルの基礎となった。

第 3 章

人材確保のための人的資源管理

本章では、まず、人的資源管理におけるモチベーション理論の視点から、人材確保に寄与する人的資源管理施策を検討する。次に、銀行業における人材確保の先行研究に絞って、銀行の求める人材像を明確にし、ナレッジワーカーである金融人材を確保するための戦略を整理する。

1. モチベーション理論に基づく人的資源管理

　モチベーション理論は、人的資源管理の主要理論として常に挙げられる（永井&守島, 1993, Huselid, 1995, Mcmeekin & Rod Coombs, 1999, Latham, 2007）。モチベーション理論は、元々心理学の分野で発展したが、Maier（1955）が「パフォーマンス＝能力×モチベーション」という方程式を提唱したことで、従業員のパフォーマンスを重視する人的資源管理にも適用される。その後、モチベーション理論における欲求理論は従業員の欲求を満たすことに焦点を置き、欲求が満たされれば仕事満足度が上がり、離職防止にも繋がると提唱し（Herzberg et al., 1959, Ramlall, 2004, Salancik and Pfeffer, 1977）、モチベーション理論の存在が大きくなった。

　モチベーションとは人の動きにエネルギーを与え、その動きを目標に導き、維持する力である。Armstrong & Taylor（2014）によれば、高いパフォーマンスは、自発的な努力の実行の準備が常にできており、動機付けられた人によって発揮される。人は一連の行動の実行が自分の目標の達成と価値のある報酬の取得に繋がると思うときに動機付けられる。なお、価値のある報酬とは自分の欲求やニーズを満たすものを指している。モチベーションには、内発的モチベーションと外発的モチベーションの2種類がある。内発的モチベーションは従業員が仕事のおもしろさ、仕事の重要

図表 3.1　モチベーション理論

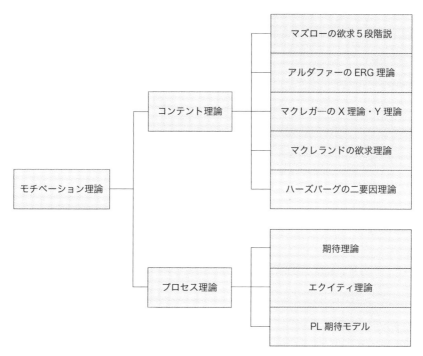

出所：筆者作成

性、仕事のやりがいなどを感じることで起こる動機付けのことである。つまり、従業員が自分の知覚に動機付けられて、高いパフォーマンスを発揮する行動を行う。外発的モチベーションとは外部からの要因（報酬や罰）によって起こる動機付けのことである。昇進、昇給、降格処分、減給などがそれにあたる。

　モチベーション理論は、**図表3.1**に示すように、おおまかに「コンテン

ト理論」と「プロセス理論」という2つのカテゴリーに分類されている。「コ
ンテント理論」は「何が人間を動機付けるか」という問題を解明しようとし
ている。マズローの欲求5段階説、アルダファーのERG理論、マクレガー
のX理論・Y理論、マクレランドの欲求理論、ハーズバーグの二要因理論
などが含まれている。一方、「プロセス理論」は努力行動に至るプロセス
に焦点を当てており、「努力行動に至るプロセスの仕組みは何か」、「どの
程度の努力か」、「努力はいつまで続けるか」などの問題を解明しようと
している。有名なプロセス理論として、期待理論、エクイティ理論、と
Porter-Lawler期待モデルが挙げられる（Armstrong & Taylor, 2014）。

1.1　コンテント理論

1.1.1　マズローの欲求5段階説

　マズローの欲求5段階説とはアメリカの心理学者アブラハム・マズロー
が、人間の欲求を5段階で理論化したものである。図で表すと、ピラミッ
ド型になっており、下から順番に「生理的欲求」、「安全欲求」、属族と愛
の欲求である「社会的欲求」、承認欲求である「尊厳欲求」、「自己実現欲
求」の5段階がある。マズローは、人間が最初にこの最も低次の欲求「生理
的欲求」を持つようになって、その低階層の欲求が満たされると初めてそ
の1つ上の欲求「安全欲求」を持つようになると提唱した。すなわち、欲求
とは低次なものを満たさなければ高次な欲求は現れないと見られている
（Maslow, 1943）。人的資源管理にとって重要なのは、従業員がどの欲求
を持つ段階にいるのかを把握することである。従業員の年齢や職位が違え

ば欲求も違う。欲求が違うと、モチベーションを高めるインセンティブも異なっている。そこで、従業員の欲求をしっかりと理解することはモチベーションの向上に非常に役に立つと考えられる。この理論に向けた批判が多くあるが、マズローの人間の欲求という側面から捉えた観点はその後の多くの研究に影響を与えた。

1.1.2 アルダファーのERG理論

　1972年にクレイトン・アルダファーがマズローの欲求5段階説に基づき、人間の欲求を「Existence（存在）欲求」、「Relatedness（関係性）欲求」、「Growth（成長）欲求」という3つの階層に分け、それぞれの頭文字をとってERG理論を提唱した（Alderfer, 1972）。

「Existence（存在）欲求」は物質的、生理的な欲求を含め、マズローの欲求5段階説における「生理的欲求」と「安全欲求」に相当する。「Relatedness（関係性）欲求」とは他者との人間関係を欲することである。マズローの欲求5段階説の「社会的欲求」と「尊厳欲求」はこの階層に属する。「Growth（成長）欲求」とは自己開発、個人の持続的な成長を求めたいという欲求である。この階層には、マズローの欲求5段階説の「自己実現欲求」が含まれている。柔軟性があるのはERG理論の特徴である。マズローの欲求5段階説と異なって、ERG理論は欲求の階層の順番を重視しておらず、欲求の範囲に注目している。また、ERG理論は欲求が一度満たされたら、必ずしも永遠に満足な状態でとどまっているわけではないことを前提として、低次と高次欲求が同時に存在しており、管理者が従業員の他の欲求を無視したりするのはモチベーションの向上を妨げると主張している（Alderfer,

1972)。

1.1.3　マクレガーのX理論・Y理論

　ダグラス・マクレガーが1960年にマズローの欲求5段階説を職場で応用し、さらに「X理論・Y理論」を考案した。マクレガーは従業員を「X理論」と「Y理論」という2つのカテゴリーに分けている。「X理論」によると、従業員は責任を取らないように、できるだけ多くの仕事を回避し、仕事における野心や組織の目標への関心を持たず、安全性を何よりも望んでいるという。マクレガーによれば、管理者がXタイプに対するモチベーションを高めるには、仕事と責任範囲を明確化させたうえで、報酬と罰を用いて強制的にコントロールするべきであるとする。それに対して、「Y理論」タイプの従業員は自発的に仕事をしており、目標達成に対するコミットメントの度合いが高く、ただ責任を受け入れるに限らず、自ら責任を取ろうとしているのである。モチベーションアップの施策を立てる際には、「Y理論」タイプの従業員が仕事での達成感と挑戦に動機付けられているため[11]、「X理論」のようなアメとムチのインセンティブの効果が限られており、職業能力開発機会と成長機会を与えるべきだと考えられる（McGregor, 1960）。

1.1.4　マクレランドの欲求理論

　1961年、アメリカの心理学者デイビッド・C・マクレランドが「欲求理論」を提出した。「欲求理論」によると、人間は時間がたつにつれて、自分の欲求を知るようになり、年齢、性別、文化、民族性にかかわらず、誰でも「達成動機（欲求）」、「権力動機（欲求）」、「親和動機（欲求）」の3つの欲求を持っ

ているという。人間はこれらの名の通り、「成功」、「影響力」、「人間関係」の結びつきを求めている（McClelland, 1961）。その後、マクレランドが失敗と困難を回避したいという4番目の「回避動機（欲求）」を発表した。マクレランドが、人によって、それぞれの欲求の割合が異なっているが、行動の背後には必ずこれらのいずれかの動機が支配していることがあると論じ、支配している欲求に対するインセンティブを与えることはモチベーションの向上に役立つと主張した（McClelland, 1987）。

1.1.5 ハーズバーグの二要因理論

　フレデリック・ハーズバーグは、1959年に200人の従業員を対象とした実証研究に基づき、動機付け要因と衛生要因からなる「二要因理論」を提唱した。「二要因理論」は、モチベーションを上げる際には、関連する必要な要因を「動機付け要因」と「衛生要因」に分けて検討するべきだと主張している（Herzberg, 1959）。動機付け要因は、職務自体と関係している内容からもたらした仕事への満足要因のことで、責任を持つことや目標を達成することなどを指している。例をとして、仕事の成果、責任、成長、昇進などが挙げられる。これらの要因が欠如していると、非常に不満を生じさせるわけではないが、あればハイレベルパフォーマンスの達成に寄与する。一方、衛生要因とは職務周辺に関係することがもたらす仕事への不満足要因のことで、例えば同僚や上司との職場人間関係、報酬、労働条件、職場環境、職場安全性、雇用保障などが挙げられる[12]。衛生要因は直接なモチベーターではなく、不満を防ぐために必要であり、同時にモチベーション改善を進めるうえで参考になる。しかしながら、これらの条件の改善は

モチベーションを生み出すものではない（Huling, 2003）。したがって、「二要因理論」は、管理者が従業員のモチベーションを引き出すには、動機付け要因と衛生要因2つの側面からインセンティブを考えることが重要だと示唆している。

1.2　プロセス理論

1.2.1　期待理論

　期待理論は1964年にビクター・H・ブルームが提唱したものである。「期待理論」によると、モチベーションは結果を得るためにどれくらい努力を払うべきかを測定する意思決定プロセスである。このプロセスは3つの部分に構成されており、「私が努力すれば、仕事が完成できるか」、「この仕事を完成したら望ましい結果が期待できるか」、「この結果が得られたら報酬は魅力的なものか」である（Vroom, 1964）。「期待理論」によると、人間はこの3つの部分を測定したうえで、モチベーションを決めるという。例えば、「徹夜で努力すれば、明日9時までに計画書が完成できる」という期待、「計画書を作成すれば、課長を喜ばせることができる」という期待、「課長が喜んだら、昇進ができる」という期待が「徹夜で努力する」という決定を下すということである。このように、期待理論は、個人的な努力と報酬をマッチングする重要性を強調し、将来の報酬と現在の行動との関係に焦点を当てる。職場において、管理者は従業員に何のために目の前の仕事をしているか、その結果が何と結びつくかを開示することで、従業員の期待を高め、やる気を促進させる。

1.2.2　エクイティ理論

　エクイティ理論とは1965年にステイシー・アダムスによって提唱されたプロセスモチベーション理論の一つである。「エクイティ理論」によると、人間は常に「自分の仕事への貢献により得られる報酬」と「他人の仕事への貢献により得られる報酬」を比較しており、公平性を期しているという。貢献というのはスキル、努力、教育、トレーニング、経験などが挙げられる。報酬は給与、賃上げなどの外的報酬、表彰、成長などの内発的報酬と従業員に対する特典や福利厚生などのことを指している。また、不公平を感じた場合には人間が不公平感を解消しようとする行動をとるように動機付けられる。モチベーションの強さは不公平感のレベル次第で左右される。なお、不公平感は「自分が苦労して他者より少ない報酬を得ている」という低報酬の状態に限らず、「自分が楽をして他者より多くの報酬を得ている」という高報酬を感じる状態も不公平感であるとアダムスが主張している（Adams, 1963；Adams, 1965）。さらに、不公平感をなくす行動は以下のように5つのパターンがある（Adams, 1965）。

・自分の貢献を減らしたり増やしたりすることで、不公平感を除ける。
・自分の報酬を調整する。例えば、賃上げあるいは賃下げを要請する。
・自分の貢献と報酬に対する認識を変える。例えば、これまで享受してきた福利において、報酬と思わなかったことをあらためて認識する。
・比較対象を変える。例えば、高報酬の人は自分よりも楽をしている人と比較することで、安心感を得る。
・その職場から離れる。すなわち離職する。

1.2.3 Porter-Lawler期待モデル

Porter-Lawler期待モデルとはPorterとLawlerが1968年にビクター・H・ブルームの期待理論に基づき詳細化したモチベーション理論である。PorterとLawlerはビクター・H・ブルームと同様に、仕事への従業員個人のモチベーションは、予想された報酬に影響を受けると主張している。

「Porter-Lawler期待モデル」では**図表3.2**のように、3つの主要素がある。「努力」、「遂行（成就）」、「満足」である。このモデルによれば、仕事にどれくらい「努力」を払うかは「報酬の価値」と「知覚される（努力→報酬）確率」によって決められるという。だが、ビクター・H・ブルームの期待理論と異なり、「Porter-Lawler期待モデル」では、「努力」が「遂行（成就）」に直接繋がらないと述べており、「能力と資質」、「役割知覚」という2つの変数が導入されている。すなわち、従業員の能力不足と役割の認識ミスが発生した場合、いくら努力しても、業績は低い可能性がある。また、「Porter-Lawler期待モデル」は「内発的報酬」、「外的報酬」、「知覚される公平報酬」も強調している。従業員がパフォーマンスを達成することで得た報酬と予想した内発的および外的報酬が一致しなかった場合、並びに公平的に報酬を与えられなかった場合、満足が得られずモチベーションは低下するとPorterとLawlerは主張している（Porter & Lawler, 1968；坂下昭宣, 1985）。

図表 3.2　Porter-Lawler 期待モデル

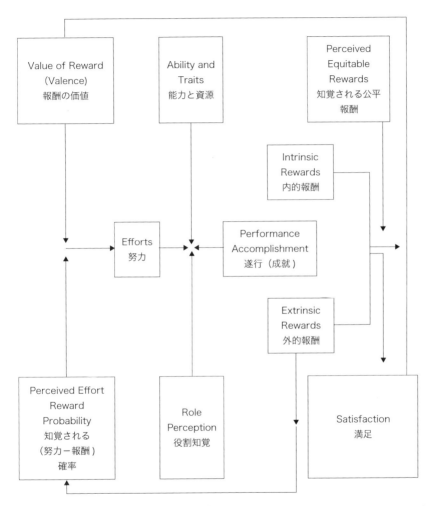

出所：Porter, L. W., & Lawler, E. E., III. (1968). *Managerial attitudes and performance.* Homewood
(Ill.): Irwin. 坂下昭宣（1985）『組織行動研究』白桃書房より筆者作成

2. モチベーションと人材確保との関連

　モチベーションの向上は従業員のパフォーマンスを高め、さらに仕事満足度を向上させる。仕事満足度が上がれば、離職意欲は低下する。Christenら (2006) は、177名のショップマネジャーを対象にパフォーマンスが仕事満足度に与える影響についてメタ分析を行った。彼らは、パフォーマンスと仕事満足度に強い正の相関 ($\beta = -.62$, p<.01) を明らかにし、パフォーマンスが仕事満足度を通じて離職率にプラスの影響を与えると主張している。Ramlall (2004) が、モチベーションに関する文献レビューを行い、効果的なモチベーション戦略は従業員仕事満足度の向上、離職率の低下に寄与すると主張している。モチベーション理論におけるトピックと仕事満足度、離職率との関係に関する研究は蓄積されている。一例として、Greenberg (1999) は、モチベーションにおける重要な課題である「公平」と仕事満足度、離職率との関連を究明するために、小売業界に勤務する管理職の一部に手続きの正当性の研修を行い、一部の管理職に手続きの正当性と無関係なテーマの研修を行った。その結果、手続きの正当性に関する研修を受けた管理職の部下は、仕事への満足度とコミットメントが有意に増加し、離職意向も減少した。

3. モチベーションを向上させるには

　Ramlall (2004) は、効果的なモチベーション戦略には次の8つの要素に重点を置くべきであると主張している。「従業員の欲求」、「職場環境」、「責任」、「監督」、「公平性」、「努力」、「従業員の成長」、「フィードバック」である。

Ramlall（2004）によると、人材確保施策を立てる際に、この8つの要素が満たされると、従業員の仕事満足度が上げられ、離職率の低下に成功できるという。Ramlall（2004）はこの8つの要素を以下のように定義している。

・「従業員の欲求」：従業員は個人、家族、文化的価値を元に、複数の欲求を持っている。また、これらの欲求は従業員個人の経済の現状と望ましい経済的、政治的、社会的地位に依存する。さらに、キャリア成長志向、ワークライフバランス、現状に満足している心理状態も含まれている。

・「職場環境」：従業員は自分の考えや意見を受け入れられ、働きやすい環境で働きたい。また、職場において人間として尊敬できる人と付き合いたい。

・「責任」：能力のある従業員は、上司にもっと責任の大きな仕事を任せ、公平的に評価して欲しい傾向がある。

・「監督」：マネージャーやリーダーは自ら成長するように部下を指導する役割を担っており、組織戦略に影響を与えるため、管理職に就く人の能力と資質は重要である。

・「公平性」：従業員は年齢、性別、民族、障害、出身を問わず、公平・平等に扱われることを求めている。また、高いパフォーマンスを発揮する従業員が低いパフォーマンスの同僚より多くの報酬を獲得する場合、公平性を感じる。

・「努力」：高い報酬が従業員のモチベーションを向上させるとはいえ、仕事自体の挑戦度が低く、従業員が仕事への満足度が低い場合、高い報酬は短期的な動機付けに過ぎない。

・「従業員の成長」：従業員は研修と昇進の機会が提供され、成長できる職

場環境を望んでいる。

・「フィードバック」：従業員はタイムリーなフィードバックを求める。このフィードバックは、1年に1回または2回行われる正式なパフォーマンスレビューに限らず、年間を通して繰り返し行うものである。また、透明性も重要である。フィードバックはマネージャが部下に一方的なフィードバックをするだけでなく、部下がマネージャに上方向のフィードバックを行うべきである。

Armstrong & Taylor（2014）はモチベーション戦略に正の影響を与える人的資源管理慣行について検討している。彼らによれば、パフォーマンス管理プロセスを作る際には、従業員の期待を満たす機会を提供し、従業員の成果を認めることが鍵になる。こうしたパフォーマンス管理プロセスは、従業員に「大切にされている」と感じさせることで、従業員のモチベーションを向上させると提唱している。そして、従業員のスキルや能力を最大限に生かすために、キャリア開発とフィードバックが重要とも指摘する。さらに、ラインマネージャーがモチベーション戦略を実行する責任を多く担うため、ラインマネージャーの能力を伸ばすリーダシップ開発プログラムの実施も重要であることも指摘している。また、外的モチベーションが従業員のモチベーションの促進に即効性があり、効果的であるが、外的モチベーションによる効果は必ずしも長く続くとは限らない。一方、内発的モチベーションは「仕事生活の質」と関連しており、従業員が個人の能力および仕事そのものに魅力を感じることでより深い影響を与える。それゆえ、報酬システムを構築する際には、期待理論・エクイティ理論を生かし、金銭的と非金銭的報酬の両方を考慮に入れるべきであることも指摘してい

る。具体的な人的資源活動として、ジョブデザインが意味のある職務内容を設計することで努力目標の範囲を決め、内発的動機付けを高める結果が得られる。

4. モチベーション向上に人的資源慣行

　以上の研究を踏まえて、本研究はモチベーションを促進させる最も重要な人的資源慣行領域とそれぞれの慣行領域に対応する人的資源慣行活動を**図表3.3**のようにまとめた。

　この図から、パフォーマンス管理におけるパフォーマンス評価制度、報酬管理における報酬制度、公平なHRポリシーと手順、ジョブデザイン、タレント・マネジメントにおける昇進機会はモチベーションを促進させる重要な要件であることが明らかになっている。また、人的資源慣行領域以外にラインマネージャーもこれらの向上に影響を与えることは明確である。これらの促進要素については、以下に詳しく説明する。

4.1　パフォーマンス管理

　Aguinis（2005）によれば、パフォーマンス管理とは、組織の戦略的目標に沿って、個人およびチームの業績の認定、測定、開発という継続的なプロセスである。パフォーマンス評価制度はパフォーマンス管理の測定の段階に該当し、事前に定められた基準および組織の目標に沿って、従業員の業績を定期的に評価し、報酬制度と連動している。評価の結果は、報酬の差として反映されている。パフォーマンス評価の手法として「360度評価システム」、「バランス・スコアカード」（Balanced Scorecard、以下

図表 3.3　モチベーションを推進させる人的資源慣行

モチベーション		
人的資源慣行領域	慣行領域における具体的な 人的資源慣行活動および先行研究	先行研究
パフォーマンス管理	パフォーマンス評価 承認	Maslow（1943） Armstrong & Taylor（2014）
報酬管理	報酬制度（金銭的・非金銭的 報酬による承認）	March & Simon（1958） Vroom（1964） Porter-Lawler（1968） Armstrong & Taylor（2014）
HR ポリシーと手順	公平（エクイティ理論）	Adams（1965） Porter-Lawler（1968） Greenberg（1999） Armstrong & Taylor（2014）
ジョブデザイン	仕事の充実感 努力目標の範囲 自主権	Herzberg（1959） Hackman & Oldman（1980） Ramlall（2004） Armstrong & Taylor（2014）
タレント・ マネージメント	キャリアマネージメント （プロモーションチャンス）	Maslow（1943） Herzberg（1959） McGregor（1960） McClelland（1961） Alderfer（1972） Ramlall（2004） Armstrong & Taylor（2014）
ラインマネージャー*	ラインマネージャーの能力	Ulrich（1997） Larsen & Brewster（2003） Guest & King（2004） Ramlall（2004） Armstrong & Taylor（2014）

*：人的資源慣行領域以外の推進要素 / 出所：相関資料より筆者作成

「BSC」という）、「重要業績評価指標」（Key Performance Indicator、以下「KPI」という）、「目標管理」（Management by Objectives、以下「MBO」

という）が挙げられる。

360度評価とは、従業員が同僚や部下からだけではなく、ビジネスパートナーや顧客などのさまざまな立場からも評価されるシステムである[13]。BSCは組織ビジョンを戦略目標、業績管理目標、業績評価対象、日常業務とリンクさせ、「財務」、「顧客」、「社内ビジネスプロセス」、「学習と成長」という4つの視点から組織の業績を管理する（Kaplan & Norton, 1992）。

KPIとは設定した目標をどれだけ達成しているかを評価する指標のことである[14]。KPIを設定するにあたって、明確性（Specific）、計量性（Measurable）、現実性（Attainable）、結果指向または関連性（Relevant）、追跡性（Trackable）という5つの基準がある。それぞれの頭文字を取って「SMART」原則と呼ばれている[15]。

MBOは1954年にピーター・ドラッカーによって提唱された。「MBO」を実施する流れは、まず会社が自社のミッション、ビジョン、バリューに基づいて会社全体の大目標を決定する。次に、会社全体の大目標を個々の従業員まで共有する。そして、従業員が会社全体の大目標を分解し、自分の職種・能力に応じる従業員個人レベルの小目標を設定する。従業員が各小目標を達成するために、さらにミニ目標に再分解する。このような従業員参加型の目標設定が目標達成へのコミットメントを高めることができる。次は監督の段階である。この段階ではラインマネージャーが従業員を指導する形で従業員がミニ目標を達成するようにタイムリーにサポートする。最後の評価報酬段階では、従業員の目標達成度を評価したうえで、フィードバックを提供し、報酬を払う。報酬は業績に関連する金銭的報酬だけではなく、ラインマネージャーからの承認、尊敬、感謝も含まれる。この段

階では、公平的で正確なフィードバックが必要不可欠である。ピーター・ドラッカーが「MBO」を実施するにあたって、①目標は従業員と一緒に設定すること、②量的・質的両方の目標を設定すること、③挑戦的な目標を設定すること、④沈黙のレポートの代わりにコーチングをすることによって毎日フィードバックを行うこと、⑤目標が達成された結果と報酬制度が連動すること、⑥従業員に罰を与えるのではなく、従業員の成長と発展を基本とすることの6つの基準を定義した。ピーター・ドラッカーによると、「MBO」の本質は従業員が会社との共同目標を設定することおよび会社がフィードバックを提供することである。やりがいがあり、達成可能な目標を設定することは、従業員のモチベーションを向上する（Drucker, 1954）。

　パフォーマンスマネジメントの成功要件について、さまざまなポイントが指摘されているが、パフォーマンス評価制度の実施に関するポイントを整理すると以下の3点が挙げられる。

　第1に、パフォーマンスマネジメントを組織の事業計画と戦略的に統合させることである。こうしたことは、組織の目標、組織に期待される行動を従業員に明確に示すことで、従業員を正しい努力方向へ導くことができる。

　第二に、フィードバックを重視することである。フィードバックは、上司から部下へ努力の評価や必要な改善点を伝えることで、従業員の成長に繋がる一方、効果的なパフォーマンスマネジメントはトップダウンだけでなく、組織の目標がラインによる修正・提言が可能となるボトムアップの仕組みも必要である。それがなければ、従業員の組織目標に対するコミットメントを得る可能性は低くなり、目標達成を目的としたパフォーマンス

マネジメントが効きにくいと考えられる（Fletcher, 2004）。

　第三に、各レベルのマネージャーへのトレーニングを充実させること
である。パフォーマンス・マネジメント・システムの運用においては、各
レベルのマネージャーが重要な役割を果たしている。シニア・マネジメン
トはビジネス戦略とパフォーマンス・マネジメント・システムを結びつけ
る役割を担う（Lawler & McDermott, 2003）。ラインマネージャーはパ
フォーマンス・マネジメントの方針を実践し、従業員に対するコーチン
グ、指導、パフォーマンスの承認、将来への支援などにおいて重要な役
割を果たしている（Purcell他, 2003）。パフォーマンス・コーチングや効果
的なフィードバックを含むマネージャー向けのパフォーマンス・マネジメ
ント・トレーニングを充実させることが重要である（Haines & St-Onge,
2012）。

4.2　報酬管理

　報酬管理とは、企業が従業員の価値および企業への貢献を承認するため
に練った報酬戦略・制度・慣行を実行することで、公平的、継続的に企業
におけるすべての従業員に報酬を与えていく、というものである。報酬管
理の基本は企業とすべてのステークホルダー（利益関係者）のニーズを満
たすことを目的とし、報酬システムを構築・実施・維持することである[16]。

　報酬システム：**図表3.4**は報酬システムを示すものである。報酬システ
ムは多数の相互に関連し合うプロセスと慣行で構成されている。この図で
示すように、報酬システムにおいて、ビジネス戦略をもとに策定された
報酬戦略は報酬システムの方法性を定める。Armstrong（2014）によれば、

図表 3.4　報酬システム

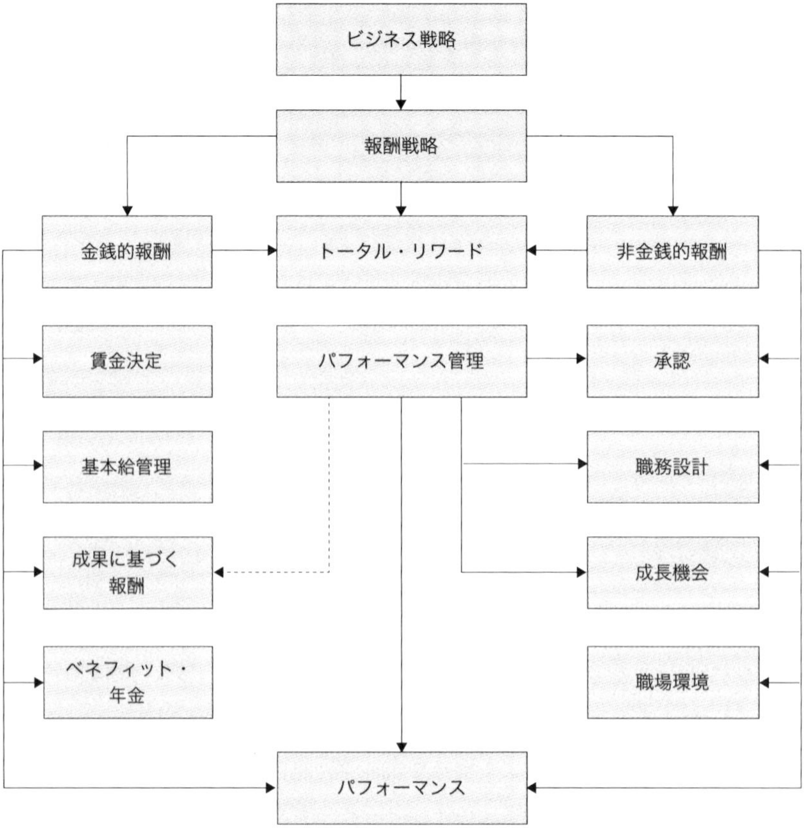

出所：Armstrong & Taylor（2014），p.364. より筆者作成

報酬戦略は「パフォーマンスの向上」、「競争力の強化」、「公平な分配」といった3つの目標がある。これらの目標を目指して、企業が「金銭的報酬」

と「非金銭的報酬」をバランスよく組み合わせ、トータル・リワードといった総合的な報酬パッケージを構築する。金銭的報酬は給与決定プロセスによって定められ、基本給、成果に基づく報酬、ベネフィット・年金を含む外的報酬のことを指す。非金銭的報酬は充実した職務設計、ワークライフバランス、働きやすい職場環境など、承認欲求、達成感、個人成長、職場環境に関するもので、外的と内的に分類されている。外的な非金銭的報酬には称賛、承認などが挙げられる[17]。内的な非金銭的報酬(内的報酬)は、自分の仕事がやりがいをもたらすか、挑戦的であるか、仕事の意味があるかについて、従業員がどれだけそう思っているかに関わっている(Lincoln & Kalleberg, 1990)。つまり、仕事そのものから醸成されたものである。Armstrong(2010)によれば、トータル・リワードが報酬制度の基盤となり、正しく設計した効果的なトータル・リワードのポートフォリオが人材のアトラクション(惹きつけ)、リテンション(定着)に寄与する[18]。

　また、**図表3.4**に示すように、パフォーマンス管理も報酬プロセスの一環である。報酬システムにおいて、パフォーマンス管理は従業員の貢献を承認することで従業員の業績向上の役割を果たしている。金銭的報酬の視点からみると、パフォーマンス管理はパフォーマンス評価制度を通して、業績・能力に関する昇給や業績給を決める際に必要な基準を提供する。一方、非金銭的報酬の視点からみると、パフォーマンス管理は、フィードバック(称賛・助言など)、能力の開発機会の提供、目標設定・キャリアパスに関する指導を通じて、従業員の業績を承認し、報酬する。パフォーマンス管理における役割検討もジョブデザインに影響を与え、充実した仕事に繋がる。

図表 3.5　Towers Perrin モデル

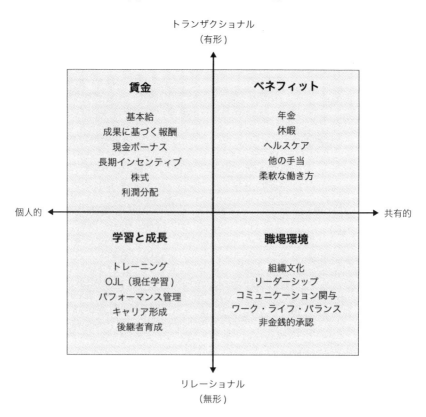

トランザクショナル
(有形)

賃金

基本給
成果に基づく報酬
現金ボーナス
長期インセンティブ
株式
利潤分配

ベネフィット

年金
休暇
ヘルスケア
他の手当
柔軟な働き方

個人的　　　　　　　　　　　　　　　　　　　　　　　　　　　　共有的

学習と成長

トレーニング
OJL (現任学習)
パフォーマンス管理
キャリア形成
後継者育成

職場環境

組織文化
リーダーシップ
コミュニケーション関与
ワーク・ライフ・バランス
非金銭的承認

リレーショナル
(無形)

出所：Armstrong（2010), p.44. より筆者作成

　トータル・リワードモデル：トータル・リワードのポートフォリオ
を正しく設計することを目的とし、コンサルティング会社から続々と
トータル・リワードモデルが提出されてくる。Towers Perrinモデル、

WorldatWorkモデル、Zingheim and Schusterモデル、Hay Groupモデルなどが挙げられる。その中でも特に有名なのはTowers Perrinモデルである（**図表3.5**）。この図に示すように、トータル・リワード・マトリクスは、縦軸に有形・無形、横軸に個人・共同をとり、「賃金」、「ベネフィット」、「学習と成長」、「職場環境」で4象限を分類する。上部に位置している「賃金」、「ベネフィット」が有形報酬、いわゆる金銭的報酬を表し、第3象限の「学習と成長」と第4象限の「職場環境」は無形の非金銭的報酬を表している。「賃金」と「ベネフィット」制度が人材確保と定着の鍵を握る。「学習と成長」、「職場環境」が簡単に模倣できないため、「賃金」と「ベネフィット」を補足し、さらに企業の競争優位を増加させる。

　金銭的報酬：以下では「賃金」、「ベネフィット」といった金銭的報酬に絞って取り上げる。**図表3.6**は一般的な報酬体系における金銭的報酬要素とそれぞれの支給期間・支給形態・目的をまとめたものである。

　この図で示すように、金銭的報酬要素は短期報酬・ベネフィットと長期報酬・ベネフィットから構成されている。短期報酬には基本給、短期インセンティブ報酬（メリット・ペイ、年次賞与）、短期ベネフィットがあり、長期報酬には、長期インセンティブ報酬（株式またはオプションと関連付けられている報酬、金銭報酬）、長期ベネフィットがある。そのうち、基本給は固定報酬で、短期インセンティブ報酬と長期インセンティブ報酬は変動報酬である。変動報酬（ボーナスや長期インセンティブ）の使用は、組織の財務業績の向上に関連していることもすでに明らかになっている（Folger & Konovsky, 1989）。

　基本給の賃金水準を決定する際には「リード」、「マッチ」、「ラグ」といっ

図表 3.6　金銭的報酬要素

支給期間	金銭的報酬の分類	報酬要素	支給形態	概要	目的	支給額への影響*
短期報酬とベネフィット Short-term Compensation & Benefits	基本給 Base Pay	時給、基本給（月額、年額） Hourly wage Basic Monthly Salary Basic Annual Salary	現金	基本給賃金水準ポリシー： ・リード・ポリシー（市場平均賃金を上回る） ・マッチ・ポリシー（市場平均賃金に従う） ・ラグ・ポリシー（市場平均賃金を下回る）	役員の役割・職責・リーダーシップ・成果に見合った必要なレベルの報酬の提供	なし
	短期インセンティブ報酬 Mid / Long term Inocentives	メリット・ペイ Merit Pay	現金	従業員過去 1 年の業績達成度に基づき、基本給の上昇率を決定する仕組みである	従業員個人のパフォーマンス向上に対するインセンティブ	あり
		年次賞与（ボーナス） Lump-Sum Bonuses	現金	従業員短期業績達成度に基づき、1 回または 2 回に支給される給与のことである	単年度事業計画や戦略目標の達成に対するインセンティブ	
	短期ベネフィット Short-term Benefits	福利厚生、健康診断、住宅手当などその他	現金または会社負担経費	企業が従業員に給料以外に提供する経済的便益のことである	役員の役割・職責・リーダーシップ・成果に見合った必要なレベルの報酬の提供	なし
中長期報酬とベネフィット Mid/Long-term Compensation & Benefits（複数年以上にわたって支給される報酬）	長期インセンティブ報酬 Mid/Long-term Incentives（エクイティ報酬と金銭報酬に分類される）	ストック・アプリシエーション・ライト Stock Appreciation Right	現金または株式（エクイティ報酬）	権利を付与した時点での株価と権利行使時の株価との差額を付与する仕組みである	株価の上昇に対するインセンティブ	なし
		ストック・オプション Stock Option	株式（エクイティ報酬）	会社が管理層や取締役に、あらかじめ定めた価格と期間で自社の株式を購入できる権利を付与する仕組みである		
		譲渡制限株式 Restricted Stock	株式（エクイティ報酬）	一定期間の譲渡制限付き実株を付与する仕組みである	株式保有の促進・リテンション	

	譲渡制限株式ユニット Restricted Stock Unit	株式または現金（エクイティ報酬）	一定数のユニットを付与し、権利確定後に中長期の業績に応じてユニットが株式または現金に換算される仕組みである		
	パフォーマンス・シェア Performance Share	株式（エクイティ報酬）	一定数のユニットを付与し、権利確定後に中長期の業績に応じてユニットが株式に換算される仕組みである	中長期の事業計画や戦略目標の達成に対するインセンティブ	あり
	パフォーマンス・ユニット Performance Unit	株式または現金（エクイティ報酬）	一定数のユニットを付与し、権利確定後に中長期の業績に応じてユニットが株式または現金に換算される仕組みである		
	中長期現金賞与 Mid/Long-term Cash Incentives	現金	中長期の事業計画や戦略目標の達成に対するインセンティブ		
	繰延報酬 Deferred Compensation	現金	後払い賞与	従業員リテンション・過剰なリスクテイクの防止に対する対策	
長期ベネフィット Long-term Benefits	退職慰労金、年金などその他	現金または会社負担経費	企業が従業員に給料以外に提供する経済的便益のことである	役員の役割・職責・リーダーシップ・成果に見合った必要なレベルの報酬の提供	なし
	従業員による株式所有計画 Employee Stock Ownership Plan	株式	企業が従業員に自社の株式を年金・退職金として拠出する退職給付制度のことである	従業員の組織への関与の向上に対する施策	

・：業績目標達成度の付与数／出所：2017 Pay Governance LLC. 境睦（2019）『日本の戦略的経営者報酬制度』中央経済社, pp.15-19. Milkovich, George, Newman, Jerry, Gerhart, Barry.（2014）. *Compensation*. New York：McGraw Hill. PwC（2007）「役員報酬：これからの連動のあり方」https://www.pwc.com/jp/ja/advisory/press-room/contribution/　より筆者作成

た3つのペイ・ポリシーがある。リード、マッチ、ラグはそれぞれ「市場平均賃金を上回る」、「市場平均賃金に従う」、「市場平均賃金を下回る」を指している。リード・ポリシーは質の高い人材の惹きつけと引き留めを目的とし、高賃金によって、仕事の魅力的でない部分を最大限に補い、従業員の給与に対する不満を最小限に抑える[19]。リード・ポリシー理論に基づいた賃金水準と離職率の関係についての実証研究は、欧米を中心に数多く存在する。例えば、Riddell（2011）はカナダのグレーター・トロント・エリアにある390の企業における6つの事業グループ、45,788人の従業員へのアンケート調査を行い、企業が自社の賃金水準の市場平均賃金水準に対する比率を10%上げると、離職率が0.106から0.953になり、10.1%低下した結果が得られた（Riddell, 2011）。Falch（2011）がノルウェーにある161の中学校・高等学校における1810人の教師を対象にアンケート調査を行った結果、10%の割合で上乗せした賃金を導入すると、離職率が0.18から0.12になり、35%減少した。Siebert & Zubanov（2009）がイギリスのある衣料品小売大手の325店舗を対象に、4年間にわたる追跡調査を行ったところ、従業員賃金水準の市場賃金水準に対する比率が10%上昇すると、離職率は0.0500から0.0364になり、28%減少することが示された。

　これらの研究はリード・ポリシーが離職率を減らすという点でメリットがあることを示唆している。デメリットとして、Milkovich他（2014）は、リード・ポリシーが、後に高い離職率の原因となる賃金以外の問題（仕事そのものの問題、人間関係の問題など）を覆い隠す可能性があると述べている。マッチ・ポリシーはライバル企業とほぼ同等の賃金水準を設けることでライバル企業とほぼ同等レベルの人材を惹きつける魅力を保証する。

しかし、こうしたことによって、企業が賃金水準で不利になることは避けられるが、労働市場での競争優位性を確保することはできない[20]。ラグ・ポリシーはコスト削減を目的とし、市場水準よりも低い賃金水準を設定する戦略で、人材確保を阻害する可能性が高い。なお、ラグ・ポリシーが将来的に高いリターンを保証すること（新興企業の株式保有など）と組み合わせれば、従業員のコミットメントの上昇、チームワークの醸成、生産性の向上に寄与する。さらに、ラグ・ポリシーを採用する企業が賃金水準の面で競争相手より遅れているかもしれないが、賃金以外の側面で、リードしている可能性がある[21]。

短期インセンティブ報酬において、メリット・ペイと年次賞与はそれぞれ業績達成度に基づく変動報酬であるが、メリット・ペイは基本給に組み入れられ、年次賞与は年1回または2回支給される。

長期インセンティブ報酬が従業員を複数年にわたる業績につかせるのを重視させることを目的とし、その中には株式またはオプションと関連付けられているエクイティ報酬があれば、それらに関係のない金銭報酬もある。図表3.6によれば、長期インセンティブにおいて、エクイティ報酬が圧倒的に多いことが明らかになっている。代表的なエクイティ報酬としてはストック・アプリシエーション・ライト、ストック・オプション、譲渡制限株式・ユニット、パフォーマンス・シェア・ユニット、ブロードベースド・オプション・プランなどが挙げられる。エクイティ報酬が多くあることの背景にある思想は組織に直接的、金銭的な利害関係を有する従業員がROI（Return On Investment：投資収益率）、ROA（Return On Asset：総資産利益率）、市場シェアなどの長期的な財務目標を重視することであ

る[22]。また、端的にいうと、金銭報酬は、受け取った時点で従業員のモチベーションを向上させる役割が終わる一方、株価と関連付けられる長期インセンティブは付与された後も、従業員が株式などを保有している限り、継続的なインセンティブ機能を発揮する[23]。これらのエクイティ報酬はかつて管理層の報酬ツールであったが、徐々に下位レベルの従業員にも普及しつつある[24]。そのうち、注目されるのがブロードベースド・オプション・プラン（以下「BBOPs」という）である。BBOPsとは会社が従業員の大多数に、あらかじめ定めた期間でエクイティ報酬を付与する仕組みである。BBOPsは付与対象を管理層に限らず、広範囲の従業員に拡大することが特徴で、株式またはオプションの配布する方法によって、パフォーマンス向上か、あるいは従業員のコミットメントとリテンションを高めることに寄与する[25]。米国で、アマゾン、ペプシコ、マイクロソフト、キンバリー・クラークなど最も有名な企業のいくつかが、あらゆるレベルの従業員に株式の交付を行っている。2020年版米国における「働きがいのある会社」100社において、NPOを除くストックプランが提供できる78社のうち、過半数の40社が何らかのBBOPsを設けている[26]。

　従業員の賃金満足度の促進要素について、Williams他（2006）が過去35年間に行われた203の研究から240のサンプルを対象に、賃金満足度と28の関連項目に関するメタ分析を行った。研究では、賃金満足度が賃金水準、手続き的公正、分配的公正と正の相関関係にあることを確認しており、知覚された賃金額の不一致（受け取るべき賃金額と、実際に受け取った賃金額との不一致）が賃金満足度と負の相関関係を持つことを明らかにした。また、同研究では、賃金満足度と離職率および離職意図の間に負の相関が

あることを確認している。

4.3 公平

　公平とは公正、正当、適切な方法で従業員を扱うプロセスである（Armstrong & Taylor, 2014）。公平には、「手続きの正当性」、「配合の正当性」、「対人的公正」、「情報的公正」という4つの種類がある。Leventhal (1980) によれば、手続きの正当性は組織における意思決定プロセスの公正さへの認識である。意思決定プロセスは6つの基準を満たすと公平であると判断する。具体的には、①一貫性のあること（一貫した価値観や基準で物事を決める）、②正確性のあること（正しい情報または専門家の意見をもとに意思決定を行う）、③バイアス抑制（利害相反や先入観を持たないように意思決定を行う）、④修正可能であること（手順や良くない決定が訂正できる）、⑤代表性のあること（従業員は自分の意見を表明する機会があり、意思決定に影響を与える）、⑥論理性のあること（年齢、性別、国籍などを問わず、論理的、道徳的根拠を持った意思決定を行う）が挙げられる。組織において、パフォーマンス管理、昇格、規律の厳守などの領域が、手続きの正当性およびその公平さに対する従業員の認識に影響を受ける (Leventhal, 1980)。配合の正当性とは受け取った意思決定の結果の公正さへの認識で、主に報酬管理に繋がる（Adams, 1965）。対人的公正は意思決定の過程において、上司が部下と接する方法に焦点を当て、尊敬と礼儀を持っているかどうかに関わる。情報的公正は上司が部下に意思決定の理由に関して、真実性と妥当性のある説明を提供するかどうかを指している (Greenberg, 1993)。

4.4　ジョブデザイン

　ジョブデザイン（職務設計）とは組織において、各ポジションにつく従業員の役割を果たすために必要なタスク、義務、責任、資格、方法を定めることである。ジョブデザインにおいて、最も影響力のあるモデルはHackman & Oldhamの職務特性モデルである。

　1980年、心理学者J. Richard Hackmanと経営学者Greg R. Oldhamは職務の特性が従業員の内発的モチベーションを左右すると主張し、「職務特性モデル」（Job Characteristics Model）を提唱した。「職務特性モデル」は、「中核的職務特性」、「重要な心理状態」、「成果」、「従業員個人の成長欲求と能力」という4つの部分に構成されている。「職務特性モデル」の流れは**図表3.7**に示すように、5つの中核的職務特性が「仕事の充実感」、「仕事の責任感」、「個人の努力がパフォーマンスにどれだけ効果的かへの認知」という従業員の3つの心理状態を引き起こす。この3つの心理状態が満たされると、内発的モチベーションが向上し、高仕事満足度、高パフォーマンス、低離職率などの成果が現れてくる。

　「従業員個人の成長欲求と能力」とは、個人の成長欲求と能力の違いによって、「成果」に差があるということである。5つの中核的職務特性とは、「スキル多様性」、「タスク完結性」、「タスク重要性」、「自主権」、「フィードバック」である。スキル多様性とは、単調な仕事ではなく、自分が持つ多様なスキルや才能を活せる仕事である。タスク完結性とは、始めから終わり（完結）までの全体を理解したうえで関われる仕事である。タスク重要性とは他者の生活や社会にインパクトをもたらす重要な仕事である。自

図表 3.7　職務特性モデル

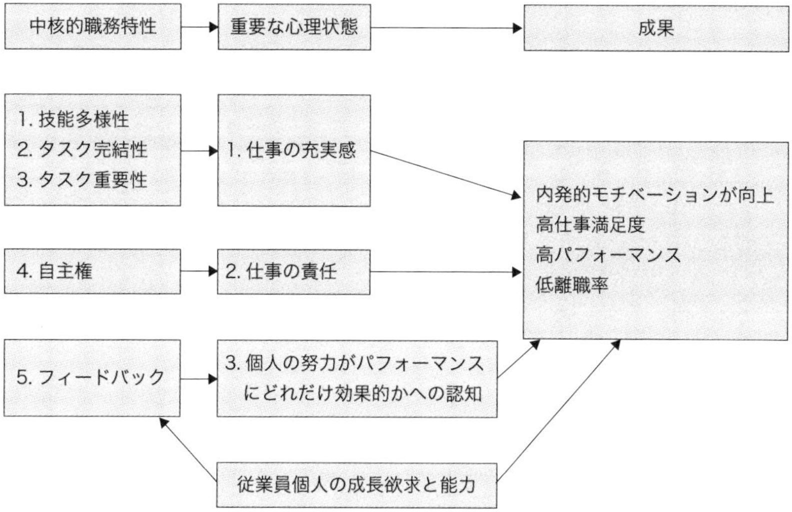

出所：『経営行動科学ハンドブック』（中央経済社）pp.247 より筆者が改編

主権とフィードバックはそれぞれ、自分で計画を立てたり、目標を設定したり、自分のやり方で進められる自由度の高い仕事で、結果がどうなったのかを、その都度知ることのできる仕事である。Hackman & Oldhamによると、スキル多様性、タスク完結性、タスク重要性という特性がある仕事に従事する従業員は仕事の充実感を感じ、承認欲求が満たされる。自主権とフィードバックはそれぞれ、「仕事の責任感」と「個人の努力がパフォーマンスにどれだけ効果的かへの認知」という2つの心理状態に繋がる（Hackman & Oldham, 1980）。

4.5　タレント・マネジメント

　タレント・マネジメントにおいては、キャリアマネジメントが重要な要素の一つである。キャリアマネジメントは、ただ単に企業に必要な人材を提供するだけではなく、組織のニーズと個人のニーズを統合すべきものである。Armstrong & Taylor（2014）によれば、キャリアマネジメントは昇進機会の提供を通じて、従業員のキャリア開発ニーズを満足させることも目的としている。Baruch and Peiperl（2000）が194企業を対象としたアンケート調査に基づいて、17のキャリアマネジメント活動を特定した。そのうち、最も使用頻度の高いのは「社内の求人情報を掲載する」といった活動であることが明らかになった。この結果を見ると、昇進機会を設けることは、現実に有効であることを示唆している。

4.6　ラインマネージャー

　ラインマネージャーは前述したように、人事管理上で重要な役割を担いつつある。Armstrong & Taylor（2014）は、ラインマネージャーがジョブデザイン、学習プログラム、パフォーマンスおよび報酬管理システムの分野でサポートすることで、人材確保の面で重要な役割を果たしていると指摘する。具体的な役割は、部下の業績を公平的に評価すること、部下を指導すること、フィードバックを提供すること、部下を称賛すること、自主性を促すこと、部下に権限委譲を行うこと、自分のチームを大切にすること、自分のチームに責任を持つこと、部下の声に耳を傾けること、部下の目標を明確にすること、部下の成長を支援することなどが挙げられる

（Robinson他, 2014）。

5. 銀行業における人材確保の先行研究

5.1　銀行の求める人材像

　坂本（2008）は「キャリア形成ガイドブック」において、銀行の機能・役割、銀行業務の複雑化、および情報技術の高度化を検討し、さらに銀行が求める人材像を明確した。彼によると、銀行で働くために必要な知識と機能は、①コミュニケーション能力、②情報の収集・分析能力、③協調性・積極性・行動力、④判断力・決断力、⑤コンピュータの活用能力などである。これらのスキルを持つ従業員はナレッジワーカーであると考えられる。

　また、銀行における「フロントオフィス」、「ミドルオフィス」、「バックオフィス」という職種別の視点から見ると、「フロントオフィス」とは銀行の中で顧客や取引先に直接に対応し、収益を稼ぐ営業部門のことをいう。フロントオフィスが対応する顧客のニーズがさまざまなので、フロントオフィスに就く従業員にとって臨機応変と柔軟性が最も重要である。「ミドルオフィス」はその名前の通り、フロントオフィスとバックオフィスを繋ぐ架け橋としての役割を果たしている。具体的な業務は、金融契約や振込依頼書などの内容チェック、コンプライアンスのための内部リスクマネジメント、内部不正チェックと営業部門のサポートなどに該当する。「ミドルオフィス」は架け橋となるため、高度なコミュニケーション能力は当然、銀行の安全性を維持するための問題発見力と金融知識も求められる。「バックオフィス」は「フロントオフィス」と対になって、顧客と接するこ

とがなく、フロントオフィスが受けた仕事を実施する支援部門であり、例としては、営業部によって販売された金融商品の決済などの資金決済オペレーションが挙げられる。バックオフィスにおける業務はほぼ煩雑なものが多く、正確性とともに効率性と忍耐力が求められる。このように、各職種の特徴が異なっているため、職種に応じた人材確保戦略を立案することが重要だと考えられる。

5.2　ナレッジワーカーの定義と特徴

「ナレッジワーカー」という表現は1959年に、オーストリアの経営学者ピーター・ドラッカーが主著の一つである「The Landmarks of Tomorrow」において、提唱した概念である（Drucker, 1959）。ピーター・ドラッカーによれば、「ナレッジワーカー」とは、肉体労働をしている単純労働者と異なって、体系的な教育を受け、習得した知識を仕事に活かして会社に貢献する労働者である（Drucker, 1974）。彼は、「21世紀の組織において最も貴重な資産は、ナレッジワーカーとその生産性である」と主張した（Drucker, 1999）。Kidd（1994）はドラッカーの定義に基づき、デザイン、広告、マーケティング、経営コンサルタント、放送、法律、金融および研究という12種類のナレッジワーカーの職務機能を特定した。

　ドラッカーなどに代表される先駆的な研究を踏まえて、Mládková他（2015）はナレッジワーカーの特徴を以下の通りにまとめた。まず、知識労働者は仕事へのコミットメントが高く、自律的に働いており、仕事を終えた達成感に動機付けられている。なお、ナレッジワーカーの流動性は高く、転職しやすい。また、ナレッジワーカーの質と生産性を測定すること

は困難であり、知識労働者の行動を管理する際には、強制するより誘導するほうが効果的である。さらに、ナレッジワーカーはキャリアの発展を重視しており、継続的な学習と成長を求めている。

5.3　ナレッジワーカーを確保するためには

　優秀なタレントは高業績組織にとって持続可能な競争優位の源泉であるということがますます認識されるようになった。この背景には急速にグローバル化が進んでおり、企業が専門的な知識や技術、コミュニケーション能力を身につけ、世界で活躍できる経営管理人材と専門家人材を求めていることが挙げられる（Chambers他, 1998）。それゆえに、多国籍企業にとって、ナレッジワーカーの獲得と確保は極めて重要な課題となった。既存の研究では、ナレッジワーカーの人材獲得と確保についてよく議論されており、主な主張は3つある。

　第1に、金銭は決定要因ではない。Challenger他（1999）が行った調査では、管理職となった人たちが他社から仕事のオファーを受け入れると、離職するにあたって給与の多寡は彼らの意思決定に大きな影響を与えないことを明らかにした。ドラッカーもナレッジワーカーが金銭的報酬に動機付けられなく、質の良い仕事を重視していると述べている（Drucker, 1999）。

　第2に、充実したキャリアサポートとトレーニングを提供する。Noer（1993）は新時代におけるナレッジワーカー確保の最も有効な方法が、職務充実、エンプロイアビリティとスキル向上のための研修を与えることと主張している。これは、前述したナレッジワーカーがキャリア発展、継続的な学習と成長を重視している特徴を反映していると考えられる。

第3に、ラインマネージャーに責任を負わせる。McKinseyチームは調査を行ったところ、過去20年間はタレント活用が進まない状況になっていることが明らかになった。さらに、McKinseyチームは多くのラインマネージャーが自分がリードしているスタッフの質に責任を持っていないことを究明し、ラインマネージャーはタレントの獲得、開発、維持に責任を負うべきであると述べている（Chambers他, 1998）。これは前述したビジネスパートナーモデルを提唱したUlrichの主張に一致している。また、Mládková他（2015）もラインマネージャーの重要性を指摘した。Mládková他は調査を行い、知識労働者のモチベーションを向上する際、ネガティブ要因を探った。その結果、非効率的な仕事の仕方とモラル意識の低いラインマネージャーという2つの要因が明らかになった。

5.4　他の学者の研究

　欧米では、銀行業界における人的資源管理が銀行業績にどう影響するかの研究が行われてきた。Delery and Doty（1996）は、アメリカの銀行1050行の融資担当者を対象に、個々の事業戦略とその戦略を実現するための人的資源管理の実施施策、そして実施した施策が銀行の業績への影響について、各行の人事担当者にアンケート調査を行い、次に回答した銀行の本店長に各行の事業戦略に関するアンケート調査を行った。彼らは2つの調査結果を合わせて、銀行の事業戦略を実現するための「内部キャリアの機会」、「トレーニング」、「結果志向の評価」、「利益分配」、「雇用保障」、「意思決定への参加」、「明確化された仕事の業務範囲」といった7つの人的資源管理の施策を概念化し、さらに統計分析を用い、この7つの施策が融

資担当者の業績への影響を究明した。結果によると、「結果志向の評価」、「利益分配」と「雇用保障」は銀行のROAおよびROEと有意な関係がある。また、「内部キャリアの機会」施策は市場開発戦略をとっている銀行において、タレント人材の確保に良い影響を及ぼすため、高業績に繋がることが明らかになった（Delery and Doty, 1996）。しかし、Delery and Dotyの研究には2つの限界があると考えられる。まず、この研究が融資担当者を対象とした研究とはいえ、銀行の本店長と人事担当者にしかアンケート調査を行っていないことである。2つ目は、この研究が人事管理施策の実行に影響する支店長とラインマネージャーを考慮に入れなかったことである。

　川本（2015）は、「金融機関マネジメント」において、日本の金融機関の人事の特徴を概観し、人材のミスマッチ問題を指摘した。川本（2015）によれば、日本の大手金融機関では超一流大学の最優秀の卒業生を採用し、幹部候補者として欧米に研修させるという人材育成施策を実施しているという。しかし、これらの人材が研修から戻ってきたら、研修で学んだ内容を活かすことなく、まったく異なる業務をやらせたりしている。その結果、こうした人材は自分の知識とスキルが発揮できる外資系に流出した。一方、中途採用において、日本金融機関は中途入社者の専門性を重視せず、組織スタイルを過度に強調し、有用な人材を惹きつけられない（川本, 2015）。

　潘（2012）は主著の一つ『銀行プロセス、パフォーマンス報酬管理及び人的資源開発』において、銀行人材をおおまかに管理人材、専門人材、業務操作人材の3つに分類した。潘は、各種人材の欲求は異なっていると指摘し、それぞれの特徴をまとめ、さらに「多様化したモチベーション方法」、「管理職と専門人材の高い流動性」、「複雑なパフォーマンス評価」、「報酬

体系とキャリアプランニングの高い複雑性」という4つの銀行人材管理の特徴を指摘した。また、潘は銀行におけるキャリアを前期、中前期、中後期、後期4つの時期に分け、それぞれを定義した。彼によると、前期とは入行5年以内の時期であり、銀行員が社風に合うか合わないかを判断する時期でもある。潘は前期の銀行員は強い好奇心、創造欲と表現欲を持っているが、入行2、3年で社風に馴染めないという理由で離職する人も多いと主張している。潘は中前期の銀行員を入行10〜15年の銀行員と定義し、この時期がキャリアの成長期で、中前期の銀行員は管理職への昇進機会を求めていると強調している。中後期と後期の銀行員はそれぞれ入行20年と30年の銀行員を指しており、キャリアの成熟した安定期と衰退期ともいえる。潘は中後期の銀行員が長年働いた仕事に飽きる傾向があり、それを防止するために、職務充実と職務拡大を取り上げるべきであると指摘している。一方、後期の銀行員は精神的な名誉のモチベーションを求めている[27]。

6. 先行研究からの知見

　第1部「理論編」では、第1章で人的資源管理の概念、人的資源管理理論発展の歴史、人的資源管理実施のフレームワークを考察した。人的資源管理はビジネス目標の達成、組織文化の創出、熟練した人材の確保、相互信頼の風土の醸成、倫理的な人材管理アプローチの適用を目的とし（Armstrong & Taylor, 2014, p.6）、会社の雇用関係の管理に関するすべての活動である（Boxall & Purcell, 2003）。人事管理・人事労務管理から人的資源管理への移行において、アカデミアと産業界の共通のニーズが人的資源管理理論の発展を促進してきた。組織戦略に沿った特定の人的資源

管理の機能を効果的に発揮させるために、ベストプラクティスではなく、最適なテクニックや人的資源慣行などを構築するべきである。

　第2章で、組織における個人離職行動に関する諸モデルを検討した。March & Simon離職モデル、Mobleyモデル、Price-Muellerモデルである。これらのモデルを通じて、従業員の離職決意に影響を与える要素を考察した。

　第3章で、モチベーションの概念、モチベーションと人材確保との関連、モチベーションの推進要素に関する先行研究、銀行業における人材確保の先行研究を概観し、その成果を整理した。これまで研究結果によれば、効果的なモチベーション向上の施策が従業員のパフォーマンスを高め、高いレベルの仕事満足度と低離職率に繋がり、モチベーションの促進要素に焦点を当てた研究の蓄積が見られる。これらの研究を踏まえて、第3章ではパフォーマンス管理におけるパフォーマンス評価制度、報酬管理における報酬制度、公平なHRポリシーと手順、ジョブデザイン、タレント・マネジメントにおける昇進機会、ラインマネージャーといったモチベーションを促進する6つの要素をまとめた。

第2部
離職モデルの実証—中国進出外資系
銀行の事例研究を中心に

第 1 章

中国銀行業の発展と
人的資源管理の沿革

近代中国銀行業における人的資源管理は、中国の金融システム改革に影響を受けたため、中国銀行業における人材確保の実態を把握する際には、中国の金融システム改革がどのように進展しているかを銀行組織の面から論じる必要があると考えられる。本章では、中国銀行業の歴史を辿りながら、近代中国銀行業における人的資源管理評価システムと賃金制度に着目し、中国銀行業における人的資源管理の沿革と特徴を明らかにしている。

1. 中国銀行業の発展

1.1　第1段階　モノバンク(単一銀行)(1949〜78)

　1948年12月、中国人民銀行は国家銀行として設立され、中国の近代的な銀行システムの始まりとなった。1949年から1978年に至るまで、中国政府はモノバンクモデルを採用していた[28]。中国人民銀行は、中央銀行業務および企業と個人に対する預金・貸付業務という2つの役割を果たして、金融的側面から全力で中国の経済建設を支援した。中国人民銀行は、現金管理の強化を目指して、努力を払った。また、預金を集中させるため、一定額以上の現金を中国人民銀行に預けることを要求してきた。さらに、国家は人民銀行に融資資金の形で金融基金を提供し、人民銀行は、国家計画に従い、産業基金の供給を集中管理していた(萩原, 2008)。

1.2　第2段階　二層銀行制度段階(1978〜93)

　二層銀行制度の段階では中央銀行制度が設立され、中央銀行機能と商業銀行機能が分離された[29]。

1.2.1　財政、金融の分離 (1978 ～ 82)

　1969年、文化大革命の時期には中国人民銀行は財政部に併合され、各地にあった支店や事務所も各地方の財政部門に統合された。ここで取り上げたいのは中国独特な組織形態である「単位」である。「単位」とは中国の社会における基層組織で、職場ともいえる。当時、中国の単位は2つのタイプに分けられた。一つは財政資金に頼る機関事業単位で、もう一つは、利益を獲得することを目的とした企業単位である。機関事業単位の役割は国民のために社会サービスを提供することで、企業単位の役割は人民元のために尽くすことである[30]。機関単位への資金提供は財政で、企業単位への資金貸付は金融だと中国政府は認識し、1978年に中国人民銀行を財政部から独立させた (李, 2021)。

1.2.2　中国人民銀行の中央銀行としての独立 (1983 ～ 93)

　中国人民銀行は設立されて以来、中央銀行と商業銀行の両方の役割を果たしてきた。1978年からの改革開放政策の背景に応じて、4つの国家専門銀行が次々と設立された。中国農業銀行 (1978年)、中国銀行 (1979年)、中国建設銀行 (1983年)、中国工商銀行 (1984年) である。当時、この4つの専門銀行は名前通りに業務分野を分けていた。つまり、中国農業銀行は農業部門に集中し、中国銀行は為替管理と外国企業間の取引の役割を担っていた。中国建設銀行と中国工商銀行はそれぞれインフラ・プロジェクトや都市住宅開発および都市部の商業・産業活動を専門的に扱っていた。このように、産業資金供給機能が徐々に中国人民銀行から国家専門銀行に移行

することができた。この段階での金融改革は、第一次金融改革と呼ばれる（萩原, 2008）。

1.3　第3段階　近代銀行体系（1994以降）

　第3段階では政策銀行、国有銀行、株式制商業銀行、地方銀行が設立された。

1.3.1　政策銀行の設立

　1993年、中国農業発展銀行、中国輸出入銀行、国家発展銀行は、政策銀行として前述した4つの専門銀行から分離され、政策融資業務を行うことになる。この3つの政策銀行は、名前通りに経済と貿易の発展および国家のプロジェクトへの資金提供に責任を負っている。

1.3.2　4大国有銀行の設立

　4大国有銀行は前述した4つの専門銀行のことである。3つの政策銀行が設立された後、4つの専門銀行は正式に「商業銀行」と改名され、政策金融と分離し、商業銀行業務に特化した4大国有商業銀行となった。この段階での金融改革は第2次金融改革と呼ばれる（萩原, 2008）。また、ビッグフォーのほか、交通銀行と中国郵政貯蓄銀行も国有銀行と認識されている。国家が交通銀行に対して株式を支配していないが、資産規模の面からいうと、交通銀行は第5大銀行だとみなされている。中国郵政貯蓄銀行は完全な国有銀行であるが、業務発展が遅れているためビッグ6にならない。

1.3.3　株式制商業銀行と地方銀行の設立

　第1次金融改革以降、企業の経営理念で運営する招商銀行、中国光大銀行、平安銀行、広発銀行、華夏銀行、中信銀行など12行の株式制商業銀行が順次に設立された。株式制商業銀行の設立が中国での金融分野における競争を促進してきた。

　中国において、金融政策は統一的に定められているが、広い国内の各地域の差異を考慮し、地域経済をより良く支えるため、地方銀行が相次いで設立された。地方銀行は上海銀行、北京銀行などの都市商業銀行、また農村商業銀行、農村合作銀行を含めた農村信用社システムが挙げられる（萩原, 2008）。

　図表1.1は、近代中国の銀行システムの全体構造を示している。現在、間接金融の役割を全うする金融機関は、国有商業銀行、政策銀行、株式制商業銀行、都市商業銀行、外資銀行、農村信用合作社、農村合作銀行などから構成されており、総資産合計額において5大国有商業銀行の割合は40%（2019年末現在）となっている。農村信用合作社はそれぞれの規模は小さいが、数では最大である。国有商業銀行は6行しかないが、その規模は最大で、間接金融において国有商業銀行の影響力が大きいことが明らかになった[31]。

図表 1.1　中国の銀行システムの全体構造

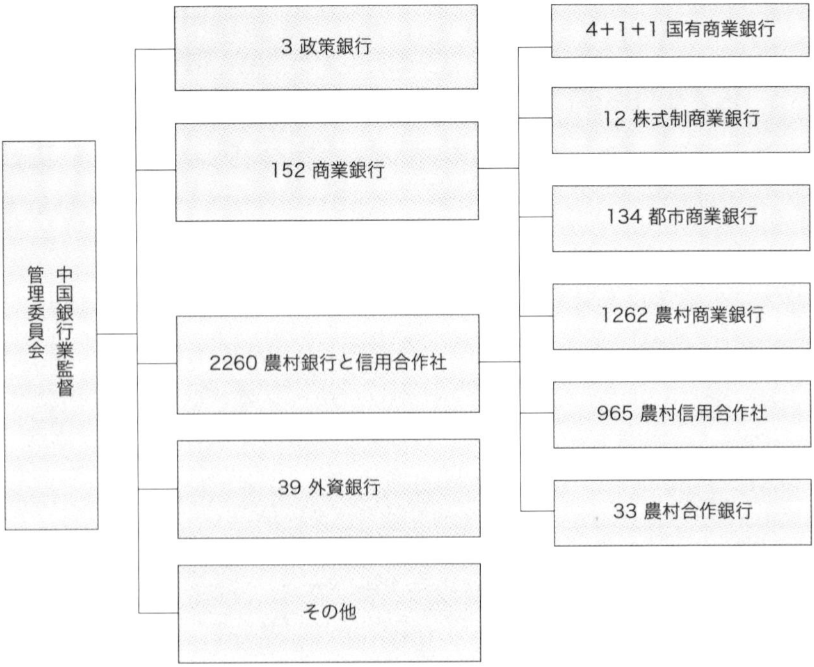

出所：中国銀行業監督管理委員会 2017 年次報告書より筆者作成

2. 中国銀行業における人的資源管理の沿革

2.1　評価制度の発展

　中国の商業銀行の評価システムの歴史的発展過程は、「定量的評価段階」、「総合評価段階」、「パフォーマンス管理段階」に分けられている。

2.1.1 定量的評価段階（2000年以前）

　1978年の改革開放以前の計画経済期において、国営企業としての銀行では、労働者は一度採用されると、終身雇用制度となっていた。平等主義に基づく管理思想が主流になっており、「固定賃金制度」が形成された。当時、業績評価制度を設けた唯一の目的は、幹部の昇進を決定する際の根拠となるからである。業績評価制度には、政治的忠誠心、年功、職場の人間関係を測る項目が設けられていた。こういう項目に従って評価することで、社員一人ひとりの成果、貢献度、能力は反映されていなかった[32]。また、評価の結果は幹部昇進の基礎としてのみ使われ、報酬と関連付けられなかったため、社員のモチベーションをアップさせられなかったと考えられる。

　1978年の改革開放から2000年までの時期において、銀行員同士がお互いに同僚のパフォーマンスを評価し合うという相互評価システムが形成された[33]。この背景には、中国での人事制度が大きな変化を遂げてきたことがある。統一配分と固定賃金制度が廃止され、労働契約制の導入によって、国有企業が自主的に社員を募集できるようになった。1986年、幹部募集制度が導入され、競争的な昇進システムが取り入れられた[34]。しかし、当時、管理職選抜に関するパフォーマンス評価は、組織内の党委員会によって討議、審査された。その評価基準は年功、学歴などの属人的要素で、職務遂行能力、管理能力への評価が欠場であるため、若手社員の働きがいを下げ、真の競争的な昇進システムが十分に実現されているとはいえない状態にあった[35]。

2.1.2　総合評価段階 (2000 ～ 05)

　2000年に銀行業の健全な発展を促進し、中国経済の成長に貢献することを目的として、中国銀行協会が設立された。中国銀行協会とは中国国内で活動する各商業銀行と政策銀行によって自発的に組織する非営利ソーシャルグループである。2001年12月に中国がWTOに加盟。WTOへの加盟のコミットメントとして、中国は移行期間を経た後、2006年末に外資系銀行に対する規制の撤廃を通じて金融市場を全面的に外国銀行に開放し、国内銀行と平等に競争できる経営環境を作ることを公約した。金融システム改革は、こうした公約に対応する準備として急速な進歩を遂げた。過去には、中国政府は銀行業の発展を妨げる不良債権に焦点を当てて、国有銀行への資本注入、不良再現を資産管理会社への売却などの施策で改革を進めてきた。今回の焦点はバランスシートの代わりに銀行の経営能力を改善させる金融商品およびサービスとなった[36]。そこで、国内銀行の競争力を高めるため、人的資源管理における業績評価の公平性や客観性を確保することを目的とする360度評価システムが導入された[37]。360度評価システムは複数の評価者が対象者を評価することで、これまでの評価制度より客観的な意見を得ることができた。さらに、この段階では、評価結果が報酬とリンクされるようになったため、銀行員のやる気がある程度引き出された[38]。しかし、評価者個人の好き嫌いや社内政治など、主観的な意見で評価することもあるので、360度評価システムは「一人のアセッサーの主観的な判断を複数人の主観的な判断に置き換えたに過ぎない」とGrintが指摘している[39]。

2.1.3 パフォーマンス管理段階（2005年以降）

2005年以降、金融改革は国有銀行の独占を変え、外国銀行という新たな競争相手が市場に参入した。効果的な経営理念と効率的なビジネスモデルを有する外国銀行は、競争を激化させ、中国の商業銀行はますます経営能力の向上の重要性を認識した。競争力を向上させるため、中国の商業銀行はさまざまな施策を打ち出した。銀行人的資源管理において、戦略的パフォーマンス・マネジメントを重視し、バランス・スコアカード（BSC）と業績評価指標（KPI）が導入された[40]。銀行はBSCによって、組織のビジョンと目標を明確に銀行員と共有し、ビジネス戦略を銀行員の日常業務に統合させる。さらに、銀行は各指標をバランス良く組み合わせることによって、銀行における各部門はプロジェクト、金融商品、サービスなどの優先順位を付け、戦略的に業務を計画する[41]。一方、銀行はKPIの設定によって、抽象的な目標が数値化され、ビジネス目標がどれだけ効果的に達成しているかが測定可能になった。銀行では銀行員個人レベルに限らず、営業部、人事部、オペレーションなどあらゆる部門も業績評価指標を用いて、部門レベルのパフォーマンスを評価する[42]。

2.2 賃金制度の発展

中国の商業銀行における賃金制度は、統一賃金制度、「職務等級賃金」と「責任目標賃金」の導入、自主的な賃金システムという3つの段階を経ていた。

2.2.1　第1段階：統一賃金制度

　1993年以前の第1段階では、中国の商業銀行の賃金制度は国家の統一賃金制度に基づいて決定されていた。当時の中国では、賃金は個別企業の視点からではなく、国民の生活保障の視点から考えられていた。国家は従業員に対して、直接分配を行い、従業員の賃金基準、昇進・昇給の間隔、昇進・昇給させる範囲およびその幅はすべて国家によって規定されていた。また、従業員の個人業績と個人の賃金収入はリンクされなかったことがわかる[43]。賃金は熟練度・技能形成よりむしろ、生活給の性格が強く、勤続年数が同じであれば、賃金格差も小さかった[44]。こうしたことにより、銀行は経営事情や支店長の判断に基づいて、銀行員をやる気にさせる報酬体系の設計ができなかったことが明らかになった。

2.2.2　第2段階：「職務等級賃金」と「責任目標賃金」の導入

　1993年から2003年までの第2段階では、「職務等級賃金」と「責任目標賃金」が導入された。この背景には、第2次金融改革が始まったことがある[45]。国有企業は賃金自主権を取得し、経営事情によって賃金を自ら分配でき、いかに企業従業員のモチベーションを高め、能力開発して労働生産性の向上を図るかが重要な経営課題となった。また、1993年に労働部が公布した「全民所有制企業工資総額管理暫行規定」の実施によって、企業は一定範囲内で賃金総額の増加率を自主的に決めることが可能になった[46]。当時、銀行における賃金は「職務等級賃金」と「責任目標賃金」の2つの部分から構成されていた[47]。

「職務等級賃金」は基本給と見なされ、賃金を決定するにあたって、従業員の担当している職務、年功、学歴などで決められた。一方、「責任目標賃金」は手当と考えられる。銀行は経営事情によって、自主的に手当を支給することができるようになった[48]。ただし、手当の金額は総賃金の40%を超えてはいけいけなかった。第1段階と比べ、この賃金システムは、賃金分配の主体が政府から企業へ転換し、ある程度の自治権が認められていたが、全体的には賃金は業績、貢献にリンクしておらず、まだ社員のモチベーションを引き出すことはできないことが明らかになった[49]。

2.2.3　第3段階：自主的な賃金システム

2003年に中国銀行業監督管理委員会（CBRC：The China Banking Regulatory Commission）が設立された。これ以降の第3段階では、外資系銀行との競争に対応し、国際基準に合致した経営を行う必要に迫られ、中国の銀行業は金融仲介機能を高めるための改革を進めていた。商業銀行は「持場賃点賃金」を導入し、各自の経営状況に基づき、自主的に報酬システムを設計できるようになった[50]。近代中国商業銀行の賃金制度は、基本給、持場賃点賃金、業績給および福利厚生という4つの部分から構成されている。基本給の算式は以下の通りである[51]。

基本給＝基本給基数×職務係数×地域係数

この算式から、基本給は職種、職務内容、地域物価の格差によって調整されていることがわかる。職種が大きく「管理系」、「事務系」、「専門系」、「技術系」、「営業系」に分類され、各職種分類の賃金基数は労働市場価額によって決められる。基本給基数が地域に関係なく、統一されている。職

務係数は職務等級に応じて設定されている。また、中国には大きな地域物価格差が存在しているため、基本給を決める際には、地域係数も設定されている[52]。

　一方、「持場賃点賃金」は計画経済から市場経済への転換に応じて形成された賃金制度である。持場賃点賃金の算式は以下のとおり[53]。

持場賃点賃金＝持場ポイント×賃点価値

　この制度は持場を対象にした賃金制度である。算式における賃点は持場の点数を指している。人事部が、持場賃点賃金を決める際には、各持場にポイントを付け、1つのポイントに金銭的価値を与え、持場賃点賃金を計算する。また、1つのポイントの価値が銀行の経営事情によって決められる（呉, 2015）。このように、銀行全体の経営業績と持場での個人の貢献度がリンクできるようになった。第3段階中国銀行業の賃金システムは、「持場賃点賃金」と業績給の設立により、個人の業績・能力向上が賃金に反映できるようになったことが明らかになった[54]。

2.2.4　中国銀行業における賃金水準の現状

　本項では、中国銀行業における報酬制度を賃金水準の視点から把握しながら分析する。**図表1.2**は2021年7行の外資系銀行および11行の現地系銀行における新卒初任給の範囲を最高額の昇順で示している。この図で示されるように、現地系銀行の初任給は概して外資系より高いとわかる。外資系銀行のうち、欧米系銀行は日系銀行より賃金水準が高い傾向で、賃金水準がもっとも低いのは韓国系銀行である。欧米系のSCBは、外資系銀行において、初任給最低額（14,900米ドル）がもっとも高く、国有の建設銀行、農

図表 1.2　上海における外資系銀行と現地銀行の新卒初任給（年収）

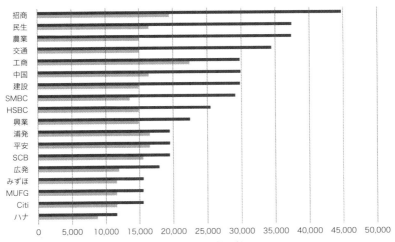

単位：米ドル

銀行名	最低額	最高額
ハナ（中国）	8,716.5	11,622
Citi（中国）	11,622	15,496
MUFG（中国）	11,622	15,496
みずほ（中国）	11,622	15,496
広発	11,920	17,880
SCB（中国）	15,496	19,370
平安	16,390	19,370
浦発	16,390	19,370
興業	14,900	22,350
HSBC（中国）	14,900	25,330
SMBC（中国）	13,559	29,055
建設	14,900	29,800
中国	16,390	29,800
工商	22,350	29,800
交通	14,900	34,270
農業	14,900	37,250
民生	16,390	37,250
招商	19,370	44,700

出所：前程无忧 51job.com；智联招聘 highpin.zhaopin.com より筆者作成

図表 1.3　実務経験 2 年のフロントオフィスの銀行員が転職する場合の年収の範囲

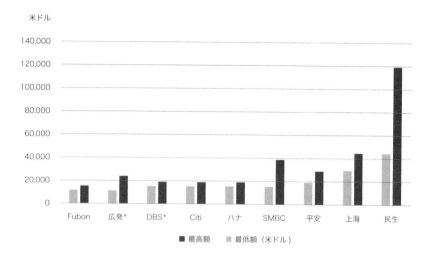

銀行名	最低額	最高額
Fubon（中国）	11,622	15,496
広発 *	11,920	23,840
DBS*（中国）	15,496	19,370
Citi（中国）	15,496	19,370
ハナ（中国）	15,496	19,370
SMBC（中国）	15,496	38,740
平安	19,370	29,055
上海	29,800	44,700
民生	44,700	119,200

出所：前程无忧 51job.com；* 智联招聘 highpin.zhaopin.com より筆者作成

図表 1.4　実務経験 2 年のミドルオフィスの銀行員が転職する場合の年収の範囲

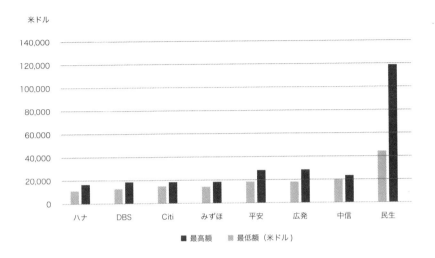

出所：前程无忧 51job.com；智联招聘 highpin.zhaopin.com より筆者作成

単位：米ドル

銀行名	最低額	最高額
ハナ（中国）	11,622	17,433
DBS（中国）	13,559	19,370
Citi（中国）	15,496	19,370
みずほ（中国）	15,496	19,370
平安	19,370	29,055
広発	19,370	29,055
中信	20,860	23,840
民生	44,700	119,200

業銀行よりも高い水準となった。外資系銀行における初任給最低賃金の中位数は11,622米ドルで、現地系銀行における最低賃金の中位数の約7割（差額4,768米ドル）と大きく下回っていることが明らかになった。

　また、転職の場合、フロントオフィスとミドルオフィス分別に外資系銀行と現地系銀行の賃金水準を比較してみると、現地銀行はいずれの職種においてより高い賃金水準を提示している傾向である。本論では、給与が求人サイトに記載されている実務経験2年の外資系銀行と現地銀行の採用情報をまとめた。**図表1.3**と**図表1.4**はそれぞれフロントオフィスとミドルオフィスが転職する場合の年収の範囲を示している。フロントオフィスの場合、外資系銀行における年収最低額の中位数は15,496米ドルで、現地銀行より約1割以上（差額1,937米ドル）低い水準となった。ミドルオフィスの場合、外資系銀行の年収最低額の中位数は14,528米ドルで、現地系銀行の約7割となった。

3. 中国銀行業の発展からみた人材確保戦略

　第1章の第1節と第2節では中国の金融システム改革が金融制度の面でどのように進展しているか、近代中国銀行業における人的資源管理評価システムは中国の金融システム改革にどのように影響を受けたかを明らかにした。**図表1.5**は中国銀行業の発展と銀行業における評価システムおよび賃金制度の沿革をまとめたものである。

　図表1.5によると、中国銀行業は中国の金融システム改革による経営環境の変化に応じて、人材のモチベーションと経営競争力を向上するため、業績評価制度と賃金制度の側面で工夫してきたことが明らかになったとい

図表 1.5　中国銀行業の発展からみた評価システムと賃金制度

年代	中国銀行業の発展	評価システムの段階	評価システム	賃金制度
1949〜78	モノバンク	昇進の根拠	政治的忠誠心	統一賃金制度
1978〜93	二層銀行制度	総合評価段階	相互評価システム	
(1978〜84)	第一次金融改革			
1994	現代銀行体系			「職務等級賃金」と「責任目標賃金」
1995〜	第二次金融改革			
2000	中国銀行協会の設立	総合評価段階	360度評価システム	基本給、持場賃点賃金、業績給および福利厚生
2003	中国銀行監督管理委員会（CBRC）の設立			
2005〜	外資系銀行市場への参入	パフォーマンス管理段階	バランスト・スコアカードと業務評価指標（KPI）	

出所：関連資料より筆者作成

う。モノバンク制度から二層銀行制度への転換期で、相互評価制度が導入された。第2次金融改革の時期には客観性を保つため、360度評価システムが採用された。2005年以降、外資系銀行の参入による人材争奪戦への対処として、バランス・スコアカードと業績評価指標が登場した。銀行はバランス・スコアカードの「財務」、「顧客」、「社内ビジネスプロセス」、「学習と成長」という4つの視点から業績管理指標を明確にする。各視点をバランス良く組み合わせることで、ビジョンや戦略をトップから担当者に至るまで共有でき、組織と個人の目標を一致させることが可能になった。また、業績評価指標の導入で目標が数値化され、客観的、定量的に目に見える形となり、評価制度の公平性と納得性が促進された。一方、賃金制度が

統一賃金から自主的な賃金システムに進化し、業績評価制度と関連された
ことで、銀行員のやる気が引き出すことができる。また、現地系銀行では、
初任給と転職、いずれの場合も賃金水準が概して外資系より高いことが明
らかになった。さらに、業績給を年4回支給することで、フィードバック
のタイミングが速くなり、短期間で達成感を得られるため、より一層個人
の努力が求められるようになった。公平・平等な評価制度および魅力的な
賃金制度により、中国現地銀行で働く従業員が確保されていることが明ら
かになった。

第 2 章

中国市場における
外資系銀行の現況

1. 中国進出外資系銀行の概況

　外資系銀行の中国での歴史は1840年に遡る。当時、「南京条約」の締結で、東側海岸沿いの広州、寧波、福州、アモイおよび上海5港が開港され、イギリス人の居住・交易が認められることとなった。このような状況下で、欧米系銀行が中国進出の先鞭をつけ、中国に支店を設置し、事業を展開し始めた。中華人民共和国が成立した後、外国銀行が中国での特権が喪失したこと、かつ計画経済時代の政策などの諸問題により、1950年代後半、多くの外国銀行が中国市場から撤退した[55]。

　しかし、1979年、改革開放後に伴って外国銀行が再び中国に進出することとなった。改革開放といったものの、外国銀行の進出地域、業務範囲、顧客対象は厳しく制限されていた。2001年12月にWTOに加盟後、WTO加盟での市場開放協定の履行として、適格外国機関投資家（QFII：Qualified Foreign Institutional Investors）のカストディアン資格およびデリバティブ金融商品（金融派生商品）業務が外国銀行に許可された[56]。中国銀行業の対外開放は加速する段階に入った。

　2007年現地法人制度の導入で、外資系銀行が中国国内で、個人向けのリテール業務が取り扱えるようになり、国内金融市場を一層開放した。中国銀行協会によれば、2019年10月末の時点で、55の国・地域の外国銀行が、中国本土において41の現地法人、114の支店、115在員事務所を設置し、外資系銀行の拠点数は976ヵ所に達している[57]。WTO加盟以前の2001年9月末の時点と比べ、拠点数は786も増加している。2019年末現在、中国の外資系銀行の総資産額は3.48兆元で、前年比4.13%増加した。中国の銀行

業界の総資産の1.2%を占めている。年間純利益は216.13億元で、中国の銀行業界の総利益の1.08%を占めている（中国人民銀行金融研究所, 2020）。

1.1 外国銀行の現地法人形態での中国進出

2006年、WTO協定に従って、中国の金融市場が外資系銀行に開放された。中国国務院と銀監会はそれぞれ「外国銀行管理条例」と「外国銀行管理条例実施細則」を公布し、施行を開始した。これらの2つの法令により、外資系銀行は中国現地銀行と同様に扱われ、内国民待遇[58]を受けられるようになった。それまで、25都市に制限された人民元業務も開放され、外資系銀行は全人民元業務を取り扱うことが可能となった。また、対象顧客に関する制限も撤廃され、外資系銀行は中国人に対して人民元リテール業務もできるようになった（周他, 2007）。こうした外資系銀行に対する規制撤廃につれて、外資系銀行は相次いで中国での支店を現地法人化した。2007年、現地法人化の先駆者となったのはHSBC（Hong Kong and Shanghai Banking Corporation）、Standard Chartered Bank、東亜銀行、Citibankの4行である。その後、DBS Bank、Hang Seng Bank、OCBC Bank、みずほコーポレート銀行が相次いで現地法人を設立した。翌2008年末に、外国銀行の現地法人数は、日系銀行を含めて28行に達した（山口, 2010）。現在、41行の外資系銀行が現地法人の形式で中国進出している（**図表2.1**）。香港、マカオ、台湾を含め、外国銀行の支店の数が115に達している（2019年12月末時点）[59]。本研究は現地法人形態で進出する外資系銀行を対象とする。

中国における41行の現地法人化した外資系銀行の母国籍別の内訳を見

図表 2.1　中国における外資系現地法人銀行の概況（2019 年）

銀行名 (中国語)	英語表記	日本語表記	略称	総資産額 (2019年) (億元)	総資産額 (2019年) (億米ドル)	設立	資本金 (億元)	法人 登記 都市	出身地	拠点数
汇丰银行 (中国)	HSBC Bank (China)	HSBC 銀行 (中国)	HSBC (China)	5247.97	786.15	2007-03-29	154	上海	香港 イギリス	171
东亚银行 (中国)	The Bank of East Asia (China)	東亜銀行 (中国)	BEA (China)	1956.83	293.13	2007-03-29	141.6	上海	香港	98
恒生银行 (中国)	Hang Seng Bank (China)	ハンセン 銀行 (中国)	Hang Seng (China)	1017.33	152.40	2007-05-24	83.18	上海	香港 イギリス	46
星展银行 (中国)	DBS Bank (China)	DBS銀行 (中国)	N/A	1229.36	184.16	2007-05-24	80	上海	シンガ ポール	37
南洋商业 银行 (中国)	Nanyang Commercial Bank (China)	南洋商業 銀行 (中国)	NCB (China)	1401.38	209.93	2017-12-14	95	上海	香港	36
渣打银行 (中国)	Standard Chartered Bank (China)	スタンダー ドチャータ ード銀行 (中国)	SCB (China)	2349.35	351.93	2007-03-29	107.27	上海	イギリス	28
富邦华一 银行 (中国)	Fubon Bank (China)	富邦銀行 (中国)	N/A	947.66	141.96	1997-03-20	21	上海	台湾	27
韩亚银行 (中国)	Hana Bank (China)	ハナ銀行 (中国)	N/A	539.06	80.75	2007-12-14	33.5	北京	韓国	26
花旗银行 (中国)	Citibank (China)	シティ バンク (中国)	N/A	1778.53	266.42	2007-03-29	39.7	上海	アメリカ	25
华侨永亨 银行 (中国)	OCBC Wing Hang Bank (China)	OCBC ウィングハ ングバンク (中国)	N/A	545.65	81.74	2007-07-17	54.67	上海	シンガ ポール	24

友利銀行 (中国)	Woori Bank (China)	ウリィ 銀行 (中国)	N/A	351.07	52.59	2007-10-26	25.48	北京	韓国	21
三菱日聯 銀行 (中国)	MUFG Bank (China)	三菱UFJ 銀行 (中国)	MUFG (China)	1637.01	245.22	2007-06-28	100	上海	日本	19
瑞穂銀行 (中国)	Mizuho Bank (China)	みずほ 銀行 (中国)	N/A	1278.18	191.47	2007-05-24	95	上海	日本	18
大華銀行 (中国)	United Overseas Bank (China)	UOB 銀行 (中国)	UOB (China)	718.56	107.64	2007-12-18	55	上海	シンガ ポール	17
三井住友 銀行 (中国)	Sumitomo Mitsui Banking Corporation (China)	三井住友 銀行 (中国)	SMBC (China)	1320.55	197.82	2009-04-03	100	上海	日本	16
首都銀行 (中国)	Metrobank (China)	メトロ バンク (中国)	N/A	102.29	15.32	2010-01-14	15	南京	フィリピ ン	12
新韓銀行 (中国)	ShinHan bank (China)	新韓銀行 (中国)	N/A	322.34	48.29	2008-04-30	20	北京	韓国	10
企業銀行 (中国)	Industrial Bank of Korea (China)	中小企業 銀行 (中国)	IBK (China)	186.83	27.99	2009-05-26	20	天津	韓国	10
摩根大通 銀行 (中国)	JPMorgan Chase Bank (China)	JPモルガ ン・チェー ス銀行 (中国)	N/A	472.57	70.79	2007-07-25	65	北京	アメリカ	9
澳大利亜 和新西兰 銀行(中国)	Australia and New Zealand Bank (China)	オーストラ リア・ニュー ジーランド 銀行(中国)	ANZ Bank (China)	386.35	57.88	2010-09-16	62.25	上海	オース トラリア	9
徳意志銀 行(中国)	Deutsche Bank (China)	ドイツ 銀行 (中国)	N/A	605.88	90.76	2007-12-25	44.26	北京	ドイツ	7
法国興业 銀行 (中国)	Societe Generale (China)	ソシエテ・ ジェネラル 銀行 (中国)	N/A	160.2	23.87	2008-08-07	40	北京	フラン ス	7

盘谷银行（中国）	Bangkok Bank (China)	バンコック銀行	N/A	131.93	19.66	2009-10-26	40	上海	タイ	7
华美银行（中国）	East West Bank (China)	イーストウエスト銀行	N/A	105.41	15.71	1992-06-29	14	上海	アメリカ	7
法国巴黎银行（中国）	BNP Paribas (China)	BNPパリバ銀行（中国）	N/A	501.23	74.68	1992-10-13	87.11	上海	フランス	6
国民银行（中国）	Kookmin Bank (China)	國民銀行（中国）	N/A	182.35	27.17	2012-10-08	25	北京	韓国	6
国泰世华银行（中国）	Cathay United Bank (China)	国泰世華銀行（中国）	N/A	126.97	18.92	2018-07-30	30	上海	台湾	6
开泰银行（中国）	KASIKORN BANK (China)	カシコン銀行（中国）	KBank (China)	109.3	16.29	2017-08-17	30	深圳	タイ	5
彰银商业银行	Chang Hwa Bank (China)	彰化商業銀行	CHB	62.98	9.38	2018-09-10	25	南京	台湾	5
华商银行	Chinese Mercantile Bank	華商銀行	N/A	1267.43	188.85	1993-06-23	41.5	深圳	香港工商銀行アジICBC (Asia)	4
玉山银行（中国）	E.SUN Bank (China)	玉山銀行	N/A	115.63	17.23	2016-01-13	20	深圳	台湾	4
大新银行（中国）	Dah Sing Bank (China)	大新銀行（中国）	N/A	100.61	14.99	2008-07-23	12	深圳	香港	4
永丰银行（中国）	Bank SinoPac (China)	永豊銀行（中国）	N/A	96.1	14.32	2014-01-02	20	南京	台湾	4
浦发硅谷银行	SPD Silicon Valley Bank	浦東シリコンバレーバンク	SSVB	170.4	25.39	2012-08-10	10	上海	アメリカ	3

中信銀行国際（中国）	China CITIC Bank International	中信銀行国際（中国）	CITIC International	92.7	13.81	2008-03-13	95	深圳	香港Citic Bank	3
瑞士銀行（中国）	UBS (China)	UBS銀行（中国）	N/A	22.7	3.38	2012-05-02	20	北京	スイス	3
蒙特利尓銀行（中国）	Bank of Montreal (China)	モントリオ―ル銀行	BMO (China)	13.49	2.01	2010-07-23	18	北京	カナダ	3
摩根士丹利国際銀行（中国）	Morgan Stanley Bank International (China)	モルガン・スタンレー銀行（中国）	N/A	23.07	3.44	1984-12-14	10	珠海	アメリカ	2
新联商业銀行	Allied Commercial Bank	アライド商業銀行	N/A	12.34	1.84	1993-09-02	10	厦门	フィリピン	2
东方汇理銀行（中国）	Credit Agricole CIB (China)	クレディ・アグリコル・CIB（中国）	N/A	201.98	30.10	2009-07-01	47.96	上海	フランス	1
正信銀行	Zheng Xin Bank	N/A	N/A	26.75	3.99	2010-01-13	10	上海	タイ	1

出所：各現地法人銀行のホームページと各現地法人銀行2019年年報より筆者作成

ると、香港の銀行（5行）、韓国（5行）、台湾（5行）、アメリカ（5行）、シンガポール（3行）、日本（3行）、タイ（3行）、フランス（3行）、フィリピン（3行）、オーストラリア（1行）、イギリス（3行）、ドイツ（1行）、スイス（1行）、カナダ（1行）となっている。外資系銀行の7割はアジア系銀行が占めることが明らかになった[60]。

1.2　中国における外資系銀行の経営規模

　経営規模について、現在、拠点ネットワークの規模上位10行はHSBC、

東亜銀行、ハンセン銀行、DBS銀行、南洋商業銀行、SCB（Standard Chartered Bank）、富邦銀行、ハナ銀行、シティバンク、OCBCウィングハングバンクとなっている。最も多い拠点数を保有しているHSBC（171店舗）は、総資産額（785.12億米ドル）と業務純益（6.66億米ドル）が最大で、最上位行となっている。一方、最下位であるUBSは総資産額がわずか3.4億米ドルで、HSBCの業績に遠く及ばない。

　図表2.2は外資系銀行と現地銀行を経営規模について比較したものである。この図は総資産額、金利収入、非金利収入という3つの財務項目によって、上位5行の外資系銀行と現地銀行の経営規模を把握している。なお、第1章で既述したように、中国の銀行システムは国有商業銀行、政策銀行、株式制商業銀行、都市商業銀行、外資銀行、農村信用合作社、農村合作銀行などから構成されている。5大国有商業銀行が銀行業全体に占めるシェアは40%に達しており、外資銀行の1.2%に対して比べ物にならないため、外資系銀行の比較対象から外した。また、株式制商業銀行も総資産額が外資系銀行の2倍を超えたため比較対象から除外した。そこで、比較対象とする現地銀行は上位の都市商業銀行にした。この図から、外資系銀行のトップとなったHSBCの総資産額が現地銀行5位の寧波銀行の半分にも達していないことが明らかである。外資系銀行と現地銀行の業容に大きな差があることがわかる。

2. 中国進出欧米系銀行と日系銀行の概況

　欧米系銀行の区分サブグループにはイギリス、アメリカ、フランス、オーストラリア、ドイツ、スイス、カナダの銀行が含まれる。イギリス系銀

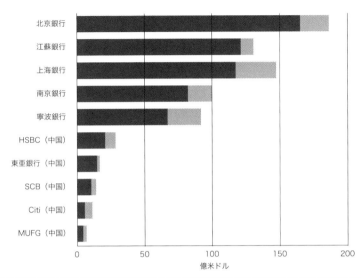

図表 2.2　現地現行と外資系銀行の経営規模

	銀行名	総資産額 (2019 年) (億米ドル)	金利収入 (2019 年) (億米ドル)	非金利収入 (2019 年) (億米ドル)
現地 銀行	北京銀行	4078.19	165	21.44
	江蘇銀行	3076.94	121.23	9.38
	上海銀行	3333.25	117.13	30.28
	南京銀行	2001.72	82.3	17.34
	寧波銀行	1963.39	67.28	24.16
外資系 銀行	HSBC（中国）	786.15	21.32	7.52
	東亜銀行（中国）	293.13	15.34	1.69
	SCB（中国）	351.93	10.98	3.76
	Citi（中国）	266.42	6.18	5.288
	MUFG（中国）	245.22	5.16	1.72

出所：各現地法人銀行のホームページと各現地法人銀行 2019 年年報より筆者作成

行ではHSBC、ハンセン銀行、SCBの3行がある。この3行の支配株主はそれぞれ、HSBC香港、ハンセン香港、SCB香港であるが、実質的支配者と実質的な受益者は3行ともイギリスの親会社である。HSBC香港の親会社はHSBCホールディングスである。ハンセン香港は1965年にHSBCホールディングスに買収され、HSBC香港と同じく、HSBCホールディングスの傘下に入った。SCB香港の親会社はスタンダード・チャータード（Standard Chartered PLC）である。アメリカ系の銀行はシティバンク、JPモルガン・チェース銀行、浦東シリコンバレーバンク、イーストウエスト銀行、モルガン・スタンレー銀行の5行である。そのうち、シティバンクは総資産額が266.42億米ドルで、最大である。フランス系の銀行はBNPパリバ銀行、クレディ・アグリコル・CIB、ソシエテ・ジェネラル銀行という3行が中国で現地法人化している。他には、オーストラリア系のANZ Bank、ドイツ系のドイツ銀行、スイス系のUBS銀行、カナダ系のモントリオール銀行も現地法人の形式で中国進出している。一方、中国における日系銀行については、日本3大メガバンクの三菱UFJ銀行、三井住友銀行、およびみずほ銀行が現地法人化した。他の日系地方銀行が駐在員事務所の形で展開している。

2.1　中国進出欧米系銀行と日系銀行の経営規模

　支店網の規模について、**図表2.3**は欧米系と日系銀行の店舗数を示しているものである。この図に示すように、欧米系と日系銀行において、上位の3行はすべてイギリス系の銀行が占めている。HSBCは圧倒的に多い店舗（171店舗）を有し、1位を占めた。ハンセン銀行（46店舗）とSCB（28

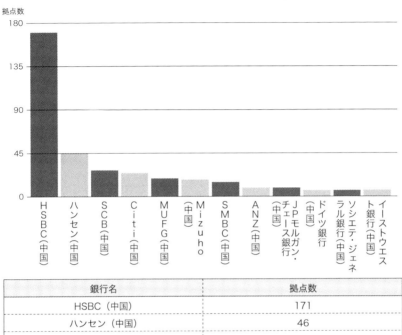

図表 2.3　中国進出欧米系銀行と日系銀行の拠点数（2019 年）

銀行名	拠点数
HSBC（中国）	171
ハンセン（中国）	46
SCB（中国）	28
Citi（中国）	25
MUFG（中国）	19
Mizuho（中国）	18
SMBC（中国）	16
ANZ（中国）	9
JP モルガン・チェース銀行（中国）	9
ドイツ銀行（中国）	7
ソシエテ・ジェネラル銀行（中国）	7
イーストウエスト銀行（中国）	7

出所：各現地法人銀行のホームページと各現地法人銀行 2019 年年報より筆者作成

店舗）は2位、3位を占めた。アメリカ系のシティバンクは25店舗を保有し、4位となった。日系の3大メガバンク、三菱UFJ銀行（19店舗）、みずほ銀行（18店舗）、三井住友銀行（16店舗）はそれぞれ、5位、6位、7位を占めた。8位はオーストラリア系のANZ銀行（9店舗）とアメリカ系のJPモルガン・チェース銀行（9店舗）、9位ドイツ系のドイツ銀行（7店舗）、フランス系のソシエテ・ジェネラル銀行（7店舗）、アメリカ系のイーストウエスト銀行（7店舗）が続いた。

　欧米系銀行において、最も知名度が高いのはHSBC銀行（中国）、ハンセン銀行（中国）、SCB（中国）、シティバンク（中国）、ANZ銀行（中国）である。HSBC銀行（中国）の母体は1865年に香港と上海で創立された香港上海滙豊銀行である。現地法人化の第1弾の2007年4月に、香港上海滙豊銀行は中国大陸における同行の支店を現地法人し、資本金が154億人民元（23.07億米ドル）という規模でHSBC銀行（中国）を創業した。現時点（2019年12月）で、同行は34の支店、137のサブブランチの規模で中国で展開している。7000以上の従業員が所属しており、そのうち99％は現地人材である[61]。

　ハンセン銀行（中国）は現地法人化の第2弾の2007年5月に、資本金が83.18億人民元（12.46億米ドル）で、現地法人として開業している。2019年12月現在、同行は出張所を含め、46の拠点を持っている[62]。

　SCB（中国）はHSBC銀行（中国）と同じく、現地法人化の第1弾の2007年4月に現地法人化した。現時点（2019年12月）で、同行は資本金が107.27億人民元（16.07億米ドル）に達しており、28の店舗を運営している[63]。

　シティバンク（中国）も現地法人化の先鞭をつけた一員として、2007年4月に、中国にある支店を現地法人化した。2019年12月現在、同行は3000

人近くの従業員を雇用しており、設置している拠点数が25ヵ所あり、資本金が39.7億人民元（5.95億米ドル）に達している[64]。

　ANZ銀行は1993年に中国の上海で支店を設立した。2010年に既存の支店を現地法人へ転換し、ANZ銀行（中国）を創立した。現地銀行と同じ業務展開ができるようになり、ANZ銀行は中国で人民元業務と外貨業務両方できる唯一のオーストラリア銀行になった。現時点（2019年12月）で、同行は9つの拠点を有し、資本金が62.25億人民元（9.33億米ドル）に達している[65]。

　一方、日系銀行について、三菱UFJ銀行は2007年に中国における同行の支店を現地法人化し、三菱東京日聯（中国）有限公司を設立した。2018年7月、行名を三菱日聯（中国）有限公司に変更した。2019年12月現在、出張所を含め、同行は19の拠点の運営を行っており、資本金100億人民元（14.9億米ドル）という規模で業務を進めている[66]。

　みずほコーポレート銀行（中国）は2007年に上海に現地法人として開業している。2019年6月時点で、出張所を含め、18店舗を構えている。現地法人化した時点の資本金が70億人民元（10.4億米ドル）で、2019年12月現在同行は資本金を25億人民元増加し、95億人民元（14.19億米ドル）になった[67]。

　三井住友銀行は、2009年に中国本土における支店を現地法人化し、三井住友銀行（中国）有限公司を設立した。これにより、日本3大メガバンクともに現地法人の形態で中国市場に確固とした地歩を固めている。現地法人化の時点で、三井住友銀行は中国における拠点数が8つしかなかったが、2019年12月現在、同行は資本金が三菱UFJ銀行と同じ、100億人民元（14.9

億米ドル）に達しており、中国本土では上海本店と6出張所を含め、16拠点を構えている[68]。

2.2　中国進出欧米系銀行と日系銀行の経営の質

　本研究は収益性を計測する当期利益/総資産[69]、費用効率を計測する非金利費用/粗収入[70]という2つの財務比率を用いて、中国市場における支店網規模上位の欧米系銀行と日系銀行の経営の質を把握している。

　図表2.4に示すように、収益性を計測する当期利益／総資産比率が1%を超える上位3行において、日系の三井住友銀行とみずほ銀行はそれぞれ1位（1.6%）と3位（1.14%）を占めている。アメリカ系のシティバンクは1.18%で、2位となった。最も拠点数を持つHSBCとハンセン銀行は1%台を切り、それぞれ5位（0.85%）と4位（0.86%）を占める。日系銀行において、メガバンク最大手の三菱UFJ銀行はオーストラリア系のANZ銀行より0.1%高く、6位（0.81%）となった。最下位はJPモルガン・チェース銀行で、60%にも達していない。この分析から、欧米系銀行は概して日系銀行より収益性が低いことがわかった。

　一方、費用効率（非金利費用／粗収入）は銀行業務のコスト効率を示す指標の一つである。この比率が低いほど、より少ない営業費用でより多くの粗利益が得られる。最適な効率値は50%と認識されているが、効率値はその銀行の構造とビジネスモデルにより大きな差がある。平均値を計算してみると、日系銀行の平均値が43.5%である一方、欧米系銀行の平均値は52.28%と費用効率の違いがあることがわかる。その原因は、日系銀行と欧米系銀行が中国市場において、業務展開の戦略が異なっているからと考

図表 2.4　中国進出外資系銀行の経営の質（2019 年）

銀行名	当期利益／総資産
SMBC（中国）	1.6%
Citi（中国）	1.18%
みずほ（中国）	1.14%
ハンセン（中国）	0.86%
HSBC（中国）	0.85%
MUFG（中国）	0.81%
ANZ（中国）	0.8%
SCB（中国）	0.62%
JP モルガン・チェース銀行	0.58%

銀行名	非金利費用／粗収入
ハンセン（中国）	32.32%
みずほ（中国）	35%
SMBC（中国）	43.4%
JP モルガン・チェース銀行	51.2%
MUFG（中国）	52.1%
Citi（中国）	53.7%
SCB（中国）	57.3%
HSBC（中国）	58.5%
ANZ（中国）	60.66%

出所：各現地法人銀行のホームページと各現地法人銀行 2019 年年報より筆者作成

えられる。

2.3　中国進出欧米系銀行と日系銀行の業務展開

　多国籍銀行が海外に進出する際の業務は大きく分けて3つに分類される。

1つ目は進出先での母国企業へ金融サービスを提供するという多国籍サービス業である。2つ目は複数の銀行とシンジケート団を作って、ユーロ市場で調達した資金をシンジケート・ローンの形態で、企業に貸し出すという多国籍ホールセール業務である。3つ目は現地個人を対象に資金運用や住宅ローン、クレジットカードなどのサービスを提供するといった多国籍リテール業務である (Grubel, 1977)。

　中国進出外資系銀行の事業展開戦略は多国籍リテール業志向と多国籍サービス業志向の2つに分けられる。多国籍リテール業を代表するのは欧米系銀行である。中国進出欧米系銀行は優れたリテール業の経営ノウハウを生かして、積極的に多国籍リテール業務を手掛けている。HSBC、シティバンク、SCB、ハンセン銀行は相次いで銀聯と戦略的提携を締結し、人民元建てのデビットカードとクレジットカードを発行した。この戦略提携により、より利便性の高いサービスを現地個人顧客に提供できるようになった。なお、欧米系銀行のうち、ANZ銀行、クレディ・アグリコル・CIB（中国）、モルガン・スタンレー銀行（中国）、浦東シリコンバレーバンク、ドイツ銀行（中国）、イーストウエスト銀行、ソシエテ・ジェネラル銀行（中国）といった7行はリテール業務を手掛けておらず、コーポレートバンク市場に注力している。

　一方、多国籍サービス業志向を代表するのは3大日系銀行である。3大日系銀行は中国進出日系企業の金融ニーズに応じてコーポレート・バンキングに特化した業務を展開している。2020年1月時点で中国進出日系企業は1万3646社と判明した。この中の過半数は日本本社が100%出資した現地法人で、残りは業務提携や合併である[71]。いずれにしても、中国現地での資

金調達、為替リスク対策、本社への送金などの金融ニーズに応えるサービスの提供が求められている。日系企業の中国への進出先について最も多いのは、上海を中心とする「上海経済圏」（上海市6300社、江蘇省1900社）である。「広東省」（2036社）は2番目に日系企業の多い都市となった。その他、湖北省にある武漢市（199社）は自動車産業クラスターとして「自動車部品等製造」の23社日系企業が拠点を置いている[72]。

　多国籍ホールセール業務については、より多くの外資系銀行が多国籍ホールセールサービスを提供し始めた。多国籍ホールセール業務の一つはシンジケート・ローン業務である[73]。貸し出し銀行団（シンジケート団）形態で大規模なローンを貸し出す外資系銀行は、シンジケート・ローンに最も積極的であるANZ銀行をはじめ、日系の3大メガバンク、HSBC、ハンセン銀行、ドイツ銀行、モルガン・スタンレー銀行などが挙げられる。シンジケート・ローンに参加することで、銀行が大規模なローンを削減することができ、貸し倒れリスクを分散させたいという意図がある。

2.4　中国進出欧米系銀行と日系銀行の顧客層

　中国進出日系銀行は顧客追随型の経営戦略を実現している。3大メガバンクともに主な支店は先に発展を遂げた東部沿海地域に集中しており、北京・天津・河北、長江デルタ、珠江デルタの3都市圏を中心として広がっている。内陸部では、三菱UFJ銀行の武漢支店と成都支店、みずほの武漢支店、三井住友銀行の重慶支店が設置されているが、これらは自動車メーカーなどの日系企業の中国内陸部市場における業務展開を金融面から支えるためである。

欧米系銀行は日系銀行と異なり、顧客追随型の経営戦略を採用しておらず、顧客の現地化戦略を立てており、新たに現地顧客の獲得を図る。これは欧米系銀行が拠点数を拡大しつつあることからうかがえる。拠点数が最も多いのはHSBCである。2019年12月現在、出張所を含め、同行は171の拠点の運営を行っている。HSBCは2017年から中小企業向けバンキングサービスを正式に開始し、中小企業経営者に資産運用や企業の財務ニーズに関するより効率的で便利な金融サポートを提供し始めた。さらに、顧客現地化戦略の一環として、欧米系銀行は中西部地域での農村金融の立ち遅れをビジネスチャンスとして、中国の農村地域への参入を実行している。ANZ銀行は重慶に100%子会社の重慶支店を有しており、農村市場開拓の取り組みを進めている。ANZ銀行のほか、HSBCは湖北省、重慶市、福建省、大連市、湖南省、山東省、広東省における農村部に23行の村鎮銀行を開業した（各現地法人銀行のホームページ, 2021年1月6日アクセス）。

第 3 章

中国進出外資系銀行の人材流出

1. 中国進出外資系銀行の人材流出の概況

　中国進出外資系銀行の人材流出をまず離職率の側面から検討する。中国へ進出した外資系銀行は、2010年から2013年にかけて従業員の離職による深刻な人材流出問題に直面していた。2010年、グローバル・コンサルティング会社のTowers Watsonは中国進出の外資系銀行の離職率に着目し、実証研究を行った[74]。これは中国21都市、247支店における約30,000人の従業員を含む合計51の外資系銀行へのアンケート調査とインタビューに基づいている。集計結果によれば、過去12ヵ月間の外資系銀行の平均離職率は18%である。リテール営業担当は離職率が33.1%で、最も離職率が高い職種となった。同研究では、インタビューの対象とした80%以上の外資系銀行は法人営業担当を採用することが極めて困難であり、法人営業担当者の不足問題に直面していることを指摘した。コンサルティング会社PwCは、2005年から2013年まで、「中国における外資系銀行」という年間の調査を継続して行っていた。2011年の調査では、PwCが中国進出外資系銀行39行のCEO、シニア・エクゼクティブおよび支店長を対象に離職率についてインタビュー調査を行った[75]。調査対象銀行39行のうち、12行は離職率が20%以上となり、うち1行は30%を超えた。同調査では、最も需要が伸びた職種は法人営業担当であることが明らかになった。この結果は前述したTowers Watsonによる調査結果と一致していた。外資系銀行における離職率が著しく増加したのは2011年である。PwCの2012年の調査では、調査対象銀行39行のうち13行における前年度の離職率は10 ～ 20%の範囲で、14行では20 ～ 40%というかなり高い離職率となった[76]。この

結果は、同年度中国金融業界の平均離職率16.6%とは非常に対照的である[77]。また、今後3～5年（2012～17年）において、人材不足の問題はどの程度に中国での事業成長に影響を与えるかについて尋ねたところ、22行が「重大な影響がある」と回答し、4行が「非常に重大な影響がある」と答えた。また、法人営業担当が3年連続で求人需要1位の職種となった。同調査から、外資系銀行にとって中国銀行市場における最も困難な課題ランキングで、「優秀な人材の採用と定着」が2位になったことも明らかになった。陶らは四川における某外資系銀行の支店を対象に離職に関する実証研究を行った（陶他, 2015）。集計結果から、この支店の2012年度の離職率は30.63%に達していたことが明らかになった。同研究では、報酬制度への不満、キャリアパスが見えず不安、新卒採用制度の不完全性、業績重視によるストレスなどが高離職率に至る主な原因であることも明らかにした。前述したPwCが行った「中国における外資系銀行」調査の2013年版によれば、調査に協力してくれた外資系銀行において離職率が前年より低くなり、2桁台前半に減少した[78]。融資中国2017（第4回）FinTechイノベーションサミットで発表されたデータによると、2016年外資系銀行の平均離職率は20%以上である。2017年に5%減の15%と減少したが、同年度中国銀行業全体平均離職率の10.9%よりかなり高い比率である[79]。

　次に、中国進出外資系銀行の人材流出を外資系銀行における従業員数の推移という側面から把握する。**図表3.1**は2008年から2019年までの上海における大型商業銀行、株式制商業銀行、都市商業銀行、および外資系銀行に勤める銀行員の人数をまとめたものである。上海は中国において経済活動の中心地であるため、上海の数値が全国的な状況を反映することができ

図表3.1 2008〜19年上海市銀行業従業員数の推移

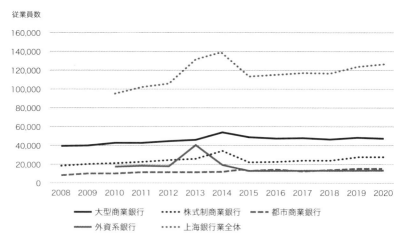

単位：人

年	大型商業銀行	株式制商業銀行	都市商業銀行	外資系銀行	上海銀行業全体
2008	38,496	17,855	7,709	7,501	80,005
2009	39,972	18,595	7,872	N/A	N/A
2010	41,231	20,306	8,965	15,618	95,185
2011	41,893	21,469	9,976	17,654	101,572
2012	43,425	23,642	10,670	17,400	106,416
2013	44,780	24,989	12,002	39,509	133,740
2014	54,116	33,411	12,593	20,341	139,106
2015	49,117	21,981	13,139	12,910	115,425
2016	48,688	23,088	13,639	12,805	115,995
2017	48,289	22,641	13,611	12,543	117,599
2018	47,549	22,450	13,780	12,220	117,973
2019	47,216	27,258	14,786	12,549	124,886
2020	47,342	28,175	15,393	12,478	126,629

出所：2008 年 -2019 年上海市金融運行報告より筆者作成

ると考えられる。

　図表3.1によれば、2013年から2015年にかけて外資系銀行の従業員数は大幅に減少した。この間をさらに2013 〜 14年、2014 〜 15年という2つの段階に分けて検討する。この図が示すように、2013年から2014年にかけて外資系銀行の従業員数が2013年の約4万人から、2014年の約2万人まで劇的に減少していた。一方で、大型商業銀行、株式制商業銀行、都市商業銀行では従業員数が増加していた。この原因は現地銀行の事業拡大による店舗増加であると考えられる。2014年度、上海における大型商業銀行、株式制商業銀行、都市商業銀行が新たに合計399店舗を増やした。2013年の70店舗とは対照的である。店舗増加は各銀行間の人材をめぐる争いを激化させた。2014年、この3つの現地銀行における従業員数が前年と比べ、合計約18,000人が増加したが、当年度上海銀行業全体における従業員の増加数は5366人しかなかった。外資系銀行を離れた約20,000人の元従業員はこの3つの現地銀行に流出した可能性が高い。一方、これとは対照的に、2014年から2015年にかけて外資系銀行だけではなく、大型商業銀行、株式制商業銀行も同時に従業員数を減らしていた。これは中国経済の減速に影響を受けたと考えられる。具体的には2013年以降、中国は経済減速の局面に入っていた。2014年の中国の実質GDP成長率は7.4%で、2013年の7.7%から0.3％低下した。2015年のGDPは同+6.9%で、2014年から0.5%下振れし、2年連続で減速した[80]。この集計結果はおそらく中国経済成長の鈍化に影響を受けたからだと思われる。

　2015年以降は、**図表3.1**に示すように、外資系銀行における従業員数を示すグラフは水平となっており、大きな流出がないことを表している。と

はいえ、外資系銀行の中国での急速なネットワーク拡大と限られたタレントプールが相まって、より優秀な人材を採用しようとどの銀行でも必死になっている。外資系銀行の募集の必須要素には多くの共通点があるため、たいていの場合、採用競争は外資系銀行間の競争でもある。UBSは2020年、44人のバンカー、アナリスト、サポートスタッフを5つのライバル外資系金融機関から引き抜くことで全体の従業員数を2倍（600 ～ 1,200人）に拡大するという2022年計画の目標をすでに達成している。モルガン・スタンレーでは、2020年に7名の役員を中国本土に移動させるとともに、中国事業を発展させるために20名のバンカーとリサーチアナリストを採用した。一方、人材をめぐる戦争は一方通行ではない、モルガン・スタンレーも6名の役員を失った[81]。

2.中国進出外資系銀行の人材流出が銀行業績に及ぼす影響

最後に、外資系銀行のパフォーマンスの視点から検討する。Morrow and McElroyは離職が商業銀行のパフォーマンスにどの程度の影響を与えるかについて実証研究を行った（Morrow & McElroy, 2007）。彼らのメタ分析によれば、離職と銀行のパフォーマンスとは強い負の相関を示している（β = -.62, p<. 01）。そこで、本論は、銀行の業務状況を示す指標の一つである総資産額とその対前年成長率を取り上げ、中国進出外資系銀行のパフォーマンスを考察することによって、外資系銀行における人材流出の状況を把握する。

図表3.2は2008年から2019年までの外資系銀行の総資産額と銀行全体に占めているシェアを示したものである。この図でわかるように、外資系銀

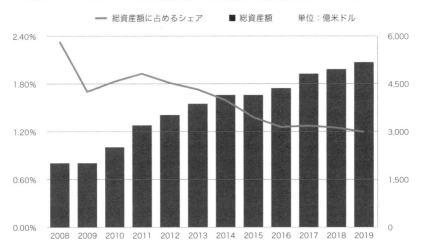

図表 3.2　2008〜19年外資系銀行の総資産額と銀行部門全体に占めるシェア

年	総資産額に占めるシェア	総資産額 （単位：億米ドル）
2008	2.34%	1,997
2009	1.71%	2,012
2010	1.83%	2,533
2011	1.93%	3,204
2012	1.82%	3,546
2013	1.73%	3,904
2014	1.62%	4,157
2015	1.38%	3,993
2016	1.26%	4,366
2017	1.28%	4,828
2018	1.25%	4,977
2019	1.20%	5,185

出所：中国銀行保険監督管理委員会（2009-2019）「中国銀行業監督管理委員会 2008-2018 年報」
中国銀行協会（2019）「在華外資銀行発展報告」より筆者作成

行の総資産額は2015年を除いて年々増加しているものの、銀行全体に占めるシェアは減少傾向にあることがわかった。年代別で見てみると、2008年と2009年の間で市場シェアが著しく減少した。これはおそらく世界金融危機が原因である。2009年と2011年の間で徐々に回復していたが、元の値に戻らず、2011年に頂点に達した後、減少傾向が見られ、2016年時点で水平になっている。具体的には、2011年以降、外資系銀行の市場シェアが2017年を除いて年々減っており、2019年のシェア（1.2%）は2008年（2.34%）と比べてほぼ半分に減少した。これを前述した外資系銀行の離職率と関連して検討してみると、2011年はちょうど離職率が大幅に増加した年度であり、2011年から始まった市場シェアの縮小はおそらく高離職率に関わるものと考えられる。

　さらに、外資系銀行の総資産額の対前年成長率を前述した外資系銀行の離職率および外資系銀行人材流出のピークを同時に検討する。**図表3.3**に示すように、2008年から2019年までに外資系銀行総資産額の対前年成長率が4回、大幅に下落した。2008 〜 09年、2011 〜 12年、2013 〜 15年、2017 〜 18年である。最初の1回は先述した世界金融危機（2008 〜 09年）が原因であるが、その後の3回の下落は外資系銀行における3回の人材流出に関わると考えられる。第2回、第3回、第4回の低下が発生した年代は上述した離職率のピーク（2011 〜 12年）、従業員数が現地銀行へ流出したことと中国経済成長の鈍化（2013 〜 15年）、離職率の上昇（2017 〜 18年）の年代と一致する。これらが成長率を押し下げたと推測される。

　以上のことから、中国進出外資系銀行が世界金融危機後、2011 〜 12年、2013 〜 15年、2017 〜 18年という3回の大きな人材流出を経験してきて、

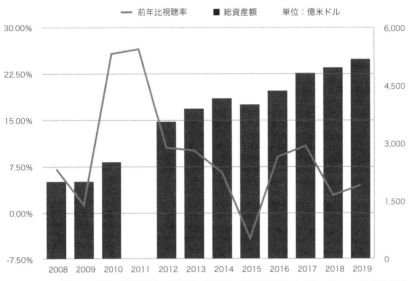

図表 3.3　2008～19年外資系銀行の総資産額と前年比成長率

──── 前年比視聴率　　■ 総資産額　　　単位：億米ドル

年	総資産額（単位：億米ドル）	前年比成長率
2008	1,997	7.20%
2009	2,012	0.75%
2010	2,533	25.89%
2011	3,204	26.49%
2012	3,546	10.67%
2013	3,904	10.10%
2014	4,157	6.48%
2015	3,993	-3.95%
2016	4,366	9.34%
2017	4,828	10.58%
2018	4,977	3.09%
2019	5,185	4.18%

出所：中国銀行保険監督管理委員会（2009-2019）「中国銀行業監督管理委員会 2008-2018 年報」
中国銀行協会（2019）「在華外資銀行発展報告」より筆者作成

この3回の人材流出が外資系銀行の中国における市場シェアの低下および総資産成長率の下落に繋がったと考えられる。

3. 中国進出外資系銀行を含む外資系企業における人材流出の原因

　中国に進出する際には、人材現地化が競争優位の源泉に繋がることがすでに明らかになった。多くの中国進出日系企業は業務に精通する現地人材の育成に積極的に取り組んでいる。とりわけ、内部労働市場を重視し、コア人材の長期的な内部育成を促進することはよく知られている。ところが、日本の労働市場と異なり、中国の労働市場の基本的特徴の一つは高い流動性で、人材確保が非常に困難である（宋, 2007）。多くの日系企業は人材の離職防止に苦戦していることが明らかになっている。宋（2007）によると、「流出した人材の年齢はほとんどが40歳以下であり、すでに企業にとって重要な存在となった人材も少なくない。」という。したがって、中国の高い人材流動の環境の中で、コア人材の確保は重要な課題である。筆者が先行研究を踏まえて、在中日系企業の人材流出の原因を検討すると、以下の4つが考えられる。

①不明瞭なキャリアパス

　キャリアパスとは、企業内従業員の昇進、昇格の理想的な道筋を示し、各ポジションに辿り着くための必要な業務経験と専門知識を明確するものである。キャリアパスによって、従業員が目標とするポジションに向かって、自分自身の能力開発を計画できるようになる[82]。Horwitzら（2003）は、ナレッジワーカーが自分のキャリア成長を極めて重視していることを明らかにし、ナレッジワーカーとの雇用関係を長続きさせるには、キャリアアッ

プの機会を提供することが必要不可欠だと指摘している。したがって、キャリアパスを提示することは知識労働者の働き続ける意欲を引き出す必須条件だといえるだろう。

そもそも在中日系企業の低定着率の主な原因は、低賃金と遅い昇進であったが、最近ではその原因が「キャリア成長が望めない」に変化した。中国大学生に、「就職先に不満がある部分」を調査したところ、67%を占める1位は「給料が低い」である[83]。2位は「キャリア成長が望めない」で56%である。それに対して、同じ調査での転職理由ランキングの1位は「キャリア成長が望めない」で49%、2位は「給料が低い」で44%である。

また、金山（2010）が中国進出日系企業は経営陣の中に現地人の登用が少なく、トップ経営者の現地化が遅れていると指摘した。徐と董（2014）は中国進出日系企業における管理職の現地化のスピードが遅いこと、現地人経営管理者に権限が委譲されていないことなどの問題を指摘した。

さらに、中国進出日系企業が欧米系多国籍企業と比べ、キャリアアップ形成に繋がる制度が整っていないと指摘されている（高, 2012）。日系企業における向上心のある知識人材は、将来のキャリアに不安を感じ、人生計画を描くことができない。したがって、キャリアパスを明示しない日本的慣習は、キャリア成長を重視している中国現地ナレッジワーカーにとって、将来性が見えないことだと考えられる。

②不明確な業務範囲

日系企業での業務内容や責任範囲は明確にされておらず、人に頼る部分の比重が多いと指摘されている（徐他, 2014）。仕事をする際には、多数の暗黙のルールに従いながら、同僚と協力し、柔軟に業務を進める。仕事上

の意思決定がケースバイケースで対応され、集団的に行われることがあれば、社員自分で判断することもある。だが、どのようなケースの場合に自己判断できるかが曖昧な状態となっている。また、多くの日系企業は中国に進出する際、このような日本的経営を変えずに遵守している。文化と価値観が異なり、中国での現地人材が仕事に馴染めないと感じている（徐他, 2014）。

　Csikszentmihalyi（1990）が提唱した「フロー理論」によると、曖昧な業務範囲は仕事の楽しさを阻害するという。一方、Horwitzら（2003）がナレッジワーカーを確保するには、楽しい職場を構築することが大切だと明らかにした。加えて、前述したハーズバーグの「二要因理論」を踏まえると、仕事そのものに関する要素が動機付けの要因となり、十分に得られるときは満足をもたらすという。したがって、日系企業において、不明確な業務範囲は仕事の楽しさを阻害するため、優秀なナレッジワーカーが求めている楽しさが得られず、仕事に対する満足度が低くなり、高い離職率に繋がると考えられる。

③曖昧な評価システム

　徐他（2014）は、現地人材離職の原因の一つは曖昧な評価システムに不満を抱くことであると指摘した。中国人は個人主義的傾向が強いとよくいわれている。中でも20〜30代の若年層は成果主義を好むことが多く、価値観はアメリカ人に近いと指摘されている（徐他, 2014）。このような背景のもとで、中国人従業員は業績に基づく公正性かつ公平な人事評価制度を求めている。中国進出日系企業が業績給を用い、成果主義型の賃金システムを採用する現象は少なくないが、不明確な評価基準で、中国人従業員は

給料に対して不公平と感じ、企業に不満を抱きやすい。また、多くの日系企業では、直属の上司が評価を決めるので、「評価は上司との相性次第だ」という不満も稀ではない。姚が中国進出日系企業における従業員を対象に仕事満足度について調査を行った結果、上司の好き嫌いが基準となった評価制度に対して、多くの従業員が不満を示していることが明らかになった[84]。

Horwitzら（2003）によると、ナレッジワーカーに対する人材確保戦略を計画する際には、明確な報酬制度、透明度の高い評価システムを取り入れるべきだという。一方、ハーズバーグの二要因理論においては、明確な評価制度は衛生要因で、満たされなければ従業員の不満が高まっていく。したがって、曖昧な評価システムが高い離職率を生じると考えられる。

④日本国籍管理層への依存

日系企業の現地人材の定着率が低下しているもう一つの原因は、日本人管理層が現地人材のモチベーションを低めていると考えられる。白木（2006）は海外進出日系企業の管理層は本国から人材派遣に依頼していることを明らかにした。多国籍企業の人的資源管理の理論において、高い本国籍人材依存度は本国志向型企業の特徴である。こうした人事施策によって、子会社と親会社とのコミュニケーションがスムーズにとれる一方、現地人材がいくら優秀であっても上層部に昇進できない。このデメリットが離職率の上昇に繋がると、Perlmutter（1969）、Wind他（1973）が主張している。

第4章

本研究構想の離職機能
分析的モデル

本書第2部の実証研究の主たる目的は、中国進出外資系銀行における従業員の離職原因を探ることである。第1部「理論編」で、人的資源管理の基礎理論、既存の離職行動に関する諸モデル、人材確保に関する理論をそれぞれ第1章、第2章、第3章で取り上げた。第2部の第1章では中国銀行業の発展を考察した。中国進出外資系銀行の概況と外資系銀行における人材流出の現況を第2章と第3章で考察した。本章では、これらの先行研究を踏まえて、中国進出外資系銀行業向け離職機能分析的モデルを構築し、仮説を提起する。

1. 本研究構想の離職機能分析的モデル

　図表4.1は本研究構想の離職機能分析的モデルを示している。本研究が構築した中国進出外資系銀行向け離職機能分析的モデルはPrice-Muellerの離職モデルとKearney & Silverman（1993）の児童不登校研究を踏まえたものである。

　このモデルにおいて採用された機能（離職要因）は、前述した2001年のPrice-Muellerモデルにおける外生変数をベースにしたものである。外生変数はもともと経済学の専門用語で、モデルの外部で発生する変数のことである。ここで、外生変数とは、内生変数（仕事満足度、仕事へのコミットメントなど）とは別に離職決定に影響を与える独立変数のことで、「環境変数」、「個人変数」、「構造変数」から構成されている。これらの3つの変数に含まれるすべての変数は、離職に至る決定要因だとPriceらが提唱している（Price, 2001）。前述したように、Price-Muellerモデルは、「仕事満足度」、「仕事へのコミットメント」などの媒介変数を内生変数として

図表 4.1　本研究構想の離職機能分析的モデル

機能	定義	先行研究
機会	労働市場における雇用機会	Price (2001) March & Simon (1958) Mobley (1982)
一般教育	現職でも他の雇用者でも適用できる知識とスキルに関する研修	Price (2001) Becker (1964) Parson (1972)
自主権	仕事に対する権限の有無	Price (2001) Hackman & Oldham (1980)
配合の正当性	報酬と罰が職務遂行にどの程度関連しているか この定義は「平等」に焦点を当てている	Price (2001) Williams 他 (2006) Adams (1965)
手続きの正当性	組織における意思決定プロセスの公正さ	Leventhal (1980) Williams 他 (2006)
仕事のストレス	職務を遂行する難しさ 4つのタイプのストレスが区別される：業務を遂行する手段の欠如、不明確な役割、役割の衝突、過負荷な仕事	Price (2001) 徐・董 (2014)
賃金水準	給料、手当て、給与、フリンジ・ベネフィット	March & Simon (1958) Porter & Steers (1973) Price (2001) Williams 他 (2006) Siebert & Zubano (2009) Falch (2011) Riddell (2011)
プロモーションチャンス	昇進機会	March & Simon (1958) Porter & Steers (1973) Price (2001)
仕事のルーチン化	仕事を繰り返し行う程度	Price (2001) Becker (1964)
仕事の充実感	意味ある、価値ある仕事をしているという実感	Hackman & Oldham (1980)
能力適性と配属のミスマッチ	学んだことが活用できない	川本 (2015)
ラインマネージャー	人事管理上の役割	Ulrich (1997) Porter & Steers (1973) Armstrong (2014) Mládková 他 (2015)

出所：筆者作成

取り上げ、各離職要因からなる外生変数との相関関係を示している。しかし、本研究の目的は銀行員が離職する根本要因を明らかにすることである。そこで、本研究はPrice-Muellerモデルにおける離職要因である外生変数に焦点を絞った。

　Price-Muellerモデルの外生変数に対する主な修正点は、「親族への責任」、「職務関与」、「ポジティブ情動とネガティブ情動」、「ソーシャルサポート」という4つの要因が「仕事の充実感」、「能力適性と配属のミスマッチ」、「ラインマネージャー」に入れ替えられたことである。その理由はまず、「親族への責任」、「職務関与」、「ポジティブ情動とネガティブ情動」がPrice-Muellerモデルにおいて、環境変数または個人変数に属しており、銀行側としては改善することが難しいからである。そこで、これらの点を「仕事の充実感」、「能力適性と配属のミスマッチ」という側面から捉えることにした。また「ソーシャルサポート」には「家族のサポート」、「上司のサポート」、「同僚のサポート」がある。Price（2001）が「上司のサポートだけが仕事満足度と組織コミットメントに影響を及ぼしている」と指摘している。そこで本研究は、「ソーシャルサポート」における「上司のサポート」を取り上げ、先行研究を踏まえて「ラインマネージャー」を機能として入れ替えた。

　既存の離職モデルのうち、Price-Muellerモデルにした理由として、1977年にPriceが離職モデルを提出し、その後の24年間、Price離職モデルが医療業界、保険業界、教育業界、農業業界、自動車産業など多くの業界で検証されていたからである。また、2001年のPrice-Muellerモデルは、Priceらがこれらの実証研究に基づいて修正したものである。長年、広範

囲にわたって検証が行われ、Price-Muellerモデルは推定性能が高いと考えられる。また、第1部第2章で述べたPrice-Muellerモデルの適用範囲について、Priceは本モデルが資本主義、民主主義国に最も適用されると主張したが、本研究の研究対象となる外資系銀行の母国は資本主義国であるため、Price-Muellerモデルは本研究でも適用できると考えられる。

　なお、いままでPrice-Muellerモデルはコホート研究で使われてきた。すなわち、Price-Muellerモデルを利用する離職研究のデータは、まず研究開始時点の調査で調査対象企業における現役の銀行員に各離職要因を測定する質問調査を実施し、その後、1年または2年という一定期間にわたって確実に離職した従業員の質問調査票をサンプルとして使用するという前向きの方法で収集する。そして将来の従業員の離職情報はすべて企業の人的資源管理部が提供する[85]。このような追跡研究方法は現役の銀行員から直接データを集めるというメリットがあるが、時間的に効率が悪く、得られた研究結果が研究開始時点の現況を反映するにすぎないと考えられる。

　そこで、本研究は心理学分野における児童の不登校行動を維持する要因の特定に関する先行研究（Kearney & Silverman（1993）、King & Bernstein（2001））を参考にし、コホート研究の代わりに、すでに離職した元銀行員を調査対象としたケース・コントロールという後ろ向きの研究を行うことにした。

　Kearney & Silverman（1993）の児童不登校研究では、子どもの不登校の機能分析的モデルが構築された。土屋ら（2010）によれば、不登校の機能分析的モデルは要因尺度を作成し、定量的アセスメントの結果に基づき、不登校行動の維持要因を診断する。得られた要因結果は改善策を処方す

るための根拠となっている。また、モデルにおける要因は機能（function）と呼ばれる。本研究はKearney & Silverman（1993）の研究を踏まえて、Price-Muellerモデルにおける外生変数を参考にし、中国進出外資系銀行向けの離職機能分析的モデルを構築した。

2. 本研究構想の離職モデルにおける各変数の定義

機会

「機会」とは労働市場における雇用機会のことである。Price（2001）によると、より多くの雇用機会が従業員の選択肢を増加させるという。従業員は外部の雇用機会と現在の仕事を評価し、外部選択肢からより多くの利益が得られると判断した場合、離職するとPriceが主張している。

一般教育

「一般教育」とは現職でも他の雇用者でも適用できる知識とスキルのことである。Price（2001）によると、こういう知識とスキルが増えると、離職率が上がるという。

自主権

「自主権」とは仕事に対する権限の有無である。Priceによると、自主権が仕事の満足度にプラスの影響を与えることにより、離職率を低下させるという。

配合の正当性・手続きの正当性

「配合の正当性」は報酬と罰が職務遂行にどの程度関連しているかを指している。この定義は「平等」に焦点を当てている。配合の正当性は、仕事の満足度と仕事へのコミットメントにポジティブな影響を与えることで、

離職率を低下させるとPriceは主張している。Price（2001）によれば、配合の正当性が仕事満足度と組織コミットメントの向上に寄与するため、離職率の低下に繋がる。また、Priceは「手続きの正当性」をすべての従業員に平等の権利を確保することだと定義している。これは、第1部第3章で述べた手続きの正当性における6つの基準において「一貫性のあること」といった基準と一致している。

仕事のストレス

「仕事のストレス」は、職務を遂行する難しさに関連している。ミシガン大学が1975年に行った研究によると、4つのタイプのストレスに区別される。①業務を遂行する手段の欠如、②不明確な役割、③役割の衝突、④過負荷な仕事である。Price（2001）によると、仕事のストレスは仕事の満足度に悪影響を与えることで、高い離職率を及ぼすという。

賃金水準

「賃金水準」はすべての離職研究で取り上げられた。Price（2001）は経済学者の考え方と同じで、高い賃金が低い離職率に繋がるとする。ただし、Priceは賃金水準と離職の間に①仕事満足度、②組織へのコミットメント、③探索行動、④定着意欲という4つの媒介変数が存在していると主張している。

プロモーションチャンス

「プロモーションチャンス」は昇進機会のことである。Price（2001）によると、昇進のチャンスは、仕事の満足度と仕事へのコミットメントにプラスの影響を与えることにより、間接的に離職率を低下させる。

仕事のルーチン化

「仕事のルーチン化」は仕事を繰り返す程度のことである。仕事のルーチン化は仕事の満足度に悪影響を与え、高い離職率に繋がる（Price, 2001）。

仕事の充実感

「仕事の充実感」は第1部第3章で述べたHackman & Oldham（1980）の職務特性モデルにおける一つの中核的職務特性である。Hackman & Oldhamによると充実感のある仕事と知覚されたことが仕事満足度にポジティブな影響を与えるということで、「仕事の充実感」と離職の間には負の相関があると考えられる。

能力適性と配属のミスマッチ

「能力適性と配属のミスマッチ」は川本（2015）が、指摘した日本の金融機関における人事問題である。中国進出日系企業は日本的雇用システムを現地で適用していることがすでに明らかになったため、中国進出日系銀行において、「能力適性と配属のミスマッチ」問題が発生すると考えられる。

ラインマネージャー

「ラインマネージャー」は第3章で取り上げたモチベーションの促進要素の一つである。前述したように、ラインマネージャーが人事管理上で重要な役割を担い、ジョブデザイン、学習プログラム、パフォーマンスおよび報酬管理システムの分野でのサポートによって、人材リテンションに寄与する（Ulrich, 2017；Armstrong & Taylor, 2014）。求められるラインマネージャーの能力として、公平的に部下を評価する能力、部下を指導する能力、フィードバックを提供する能力などが挙げられる。

　以上を要約すると、「自主権」、「配合の正当性」、「手続きの正当性」、「賃

金水準」、「プロモーションチャンス」、「仕事の充実感」、「ラインマネージャーの能力」が増加することに伴って、仕事満足度が高くなり、離職率が低くなる。そのうち、「配合の正当性」、「手続きの正当性」、「プロモーションチャンス」、「ラインマネージャーの能力の向上」が組織へのコミットメントにも良い影響を与え、低離職率をもたらすことが指摘されている（Price, 2001）。一方、「仕事のストレス」と「仕事のルーチン化」、「能力適性と配属のミスマッチ」の増加は高い離職率を生じさせる（Price, 2001）。

3. 仮説提起

　以上、本書は第1部「理論編」において人的資源管理の基礎理論、既存の離職行動に関するモデルをそれぞれ第1章と第2章で取り上げた。第3章では、人的資源管理施策と離職防止との関連をモチベーションの視点から考察した。続く第2部「実証編」において、中国銀行業制度の発展と特徴は第1章で検討された。中国市場における外資系銀行の現況と人材流出の概況をそれぞれ第2章と第3章で考察した。以上の理論的・実証的先行研究のレビューに基づけば、中国進出外資系銀行における人材流出について、以下のような仮説の形が設定できるであろう。

仮説1：中国進出外資系銀行における主な離職の要因はジョブデザイン、プロモーションチャンス、ラインマネージャーである。

　第2部第3章で明らかにしたように、中国進出外資系企業において、不明確な業務範囲、不明瞭なキャリアパス、曖昧な評価基準、日本国籍管理層への依存が従業員が離職する主な要因である。

　本研究の離職機能モデルにおいて、これらの原因に応じた独立変数は

「ジョブデザイン（不明確な業務範囲）」、「プロモーションチャンス（不明瞭なキャリアパス、日本国籍管理層への依存）」、「ラインマネージャー（曖昧な評価基準）」である。そこで、外資系銀行における主な離職の原因はこの3つだと考えられる。

仮説2：フロントオフィス、ミドルオフィスとバックオフィスは職務特性が異なるため、離職に至る要因も異なる。

　第1部第3章で記述したように、フロントオフィスは業績が重視されている。そこで、離職する主要原因は賃金水準であると考えられる。

　ミドルオフィスとバックオフィスは、仕事の「始まり」から「完結」まで全体の流れにかかわらず、プロセスの一部だけを手がけるため、タスクの完結性はないことがわかる。また、職務特性モデルによると、タスクの完結性が欠如する場合、従業員は「仕事の充実感」を感じられないという。したがって、ミドルオフィスとバックオフィスが離職する主要原因は仕事の充実感の欠如であると考えられる。

　バックオフィスは同じことを繰り返す仕事が多いため、仕事のルーチン化も離職する重要な原因の一つであると考えられる。

4. 実証研究の方法

「実証編」では、中国進出外資系銀行における離職の要因を究明することを目的とし、実態把握のため、まず先行研究、文献レビューなどの定性的な分析を行ってきた。これらの研究結果に基づき、本研究は客観的な結果を導くために汎用性の高い定量的な分析を行う。

　具体的な研究手順として、第1に予備調査を実施する。この段階では、

文献レビューとインタビュー調査に基づき、本研究の構想した離職モデルにおける各変数の尺度項目を作成し、アンケート調査表を作る。アンケート調査により収集されたデータの統計処理を行い、尺度項目を検証する。得られた結果に基づき、尺度項目とアンケート調査表を修正する。第2に修正したアンケート調査表を用いて、本格的な調査を実施する。収集されたデータを統計的手法で解析し、本研究の仮説を検証する。

第 5 章

質問項目の作成と予備調査

本研究は、実証研究の本調査結果の正確性と信頼性を向上させるために、本調査に先駆けて予備調査を行う。予備調査はインタビュー調査、文献調査、アンケート調査、尺度検証から構成されている。

1. 項目作成のためのインタビュー調査

本研究は、前章で提示した離職モデルにおける変数の尺度をより正確に作成するため、2020年の7月から10月にかけて、日欧米系銀行の元従業員（離職後6年以内）17人（日系9人、欧米系8人）に対する1対1の半構造化インタビュー調査を行った。職務の内訳は、フロントオフィスが5人、ミドルオフィスが6人、バックオフィスが6人である。インタビュー調査は電話によって実施した。調査内容が離職モデルにおける変数に応じたものである。具体的なインタビュー内容および調査結果は以下の通りである。

1.1 日欧米系の元従業員へのインタビュー調査報告

質問内容は主に以下の通りである。

・報酬制度について（報酬要素の構成、昇給、ボーナスの査定方法、ベネフィットの構成など）
・評価制度について（目標の決め方、評価内容、業績評価の流れなど）
・家族に対する責任について（子供の有無、婚姻の状況、その責任についての考え方）
・ラインマネージャーについて（ラインマネージャーの信頼性・公平性、フィードバックのもらい方、上下関係など）
・昇進制度について（昇進基準、公平性など）

・仕事そのものについて（仕事内容、自主権、能力発揮など）
・会社で学べる知識・スキルについて
・仕事で不満に感じたことについて
・会社の気に入っていたところについて

　以上のような質問内容について、日系銀行および欧米系銀行の元銀行員に調査したところ、調査対象者の回答は以下の6つにまとめられた。

　最初に、失敗の責任を部下のせいにするとの不満がある。過半数の調査対象者（11人）が仕事で失敗したとき、上司のミスなのに、部下である自分に責任転嫁された経験があった。このような上司のもとで仕事はしたくないとこれらの調査対象者が言明した。

　次に、将来性のない仕事は辞めるべきだとの意見である。調査対象者全員がこのまま仕事をしても先が見えないと感じた。どのような「先」を望んでいるのかを尋ねると、人によって異なるが、集約すると「昇進・昇給」、「今抱えている不満やストレスが解消できる」、「個人の成長・スキルアップ」といった点が挙げられる。特にキャリア成長について、「昇進見込みが低く、管理層を目指したいのであれば、転職は一番の近道である」と17人のうち15人が語った。また、「35歳になったら転職が難しくなるため、若いうちに転職するのが有利である」と17人のうち13人が語った。

　第3に、上司が気に入っている部下を優遇することを、17人のうち13人の調査対象者は問題視していた。どのような優遇をしたのかを尋ねると、仕事上の規定と規則が特定の部下だけに適用されないとの答えが多かった（8人）。また、「上司はすべての部下と平等に接するべきで、そうでなければ、他の従業員の不満が生じる」と11人の調査対象者が語った。

第4に、日系銀行の元銀行員において、9人のうち8人の調査対象者が給料に不満がある。彼らによれば、給料が割に合わなかった。具体的には、「自分が一生懸命仕事をするのに給料を上げてくれなかった」、「自分の努力やスキルや仕事の量と見合わない給料だった」、「他の銀行で同じ職種に就く人の給料と比べ、格差を感じた」などの意見が挙げられる。

　第5に、自身の能力がこの仕事で発揮できなかったとの意見がある。転職先と職種がまったく違う元銀行員の3人は、3人とも「やはり向いていない」と語った。その原因を尋ねると、「自身の強みを発揮する機会がなくて、やりがいがなくなったからである」とこれらの調査対象者が答えた。

　第6に、上司が有能ではなかったとの意見がある。特に、実際に偉くない上司が偉そうな態度で部下に作業の指示をすることに不満がある。どのような上司が有能だと思っているかを尋ねると、「仕事に関する豊富な専門知識を有している上司」、「仕事に関するアドバイスをしてくれる上司」、「矛盾した指示をしない上司」、「部下を公平に扱う上司」といった答えがあった。

2. 離職モデルにおける各変数の尺度作成

　本研究は先行研究と上記のインタビュー調査の結果を踏まえて、本研究の離職モデルにおける各変数の尺度を作成した。各項目において、特に記述がない限り、リッカート・スケール尺度が用いられる。選択肢は「まったくそう思わない」、「あまりそう思わない」、「どちらともいえない」、「まあそう思う」、「とてもそう思う」と設定される。各選択肢は、「まったくそう思わない：1点」、「あまりそう思わない：2点」……というように点数

が割り振られている。(R) で示された項目は、逆転項目のことである。逆転項目に関しては、逆のスコアリングを行う。つまり、「とてもそう思う：5点」、「まあそう思う：4点」、「どちらともいえない：3点」、「あまりそう思わない：2点」、「まったくそう思わない：1点」。

2.1 機会

1996年、Price氏のもとで指導を受けているKim氏が、韓国における自動車産業の従業員を対象とした定着研究を行った。Price氏によると、Kimら（1996）の調査票における「雇用市場」といったセクションが本研究の「機会」に相当するという。2001年に、Price氏が自発的な離職の決定要因と調査項目をまとめ、Kimらの1996年の研究における「機会」についての6つのアンケート質問を取り上げた。本研究はKimらが作成したこの6つの質問を参考にし、インタビュー調査の結果を踏まえて、質問項目を設計した。

Kimらの研究において、「機会」に関する6つの質問は2つのカテゴリーに分けられる。それぞれは、「ローカル就職」と「非ローカル就職」である。ローカル就職は地元での就職機会を指し、非ローカル就職は国際市場が含まれ、地元以外のすべての雇用市場における就職機会のことである。本研究の地理的研究範囲は中国国内市場であるため、本研究はローカル就職のみを取り上げることにした。設問文と3つの質問項目は**図表5.1**の通りである。そのうち、質問項目3は筆者が作成したものである。

図表 5.1　機会における質問項目

機会
・ この銀行と比べ、同じくらい良い勤務先を見つけることは難しかったです。
・ この銀行と比べ、より良い勤務先を見つけることは難しかったです。
・ この銀行と比べ、これよりずっと良い仕事を見つけるのは難しかったです。

出所：Kimら（1996）, Price（2001）より筆者作成

図表 5.2　一般教育における質問項目

一般教育
・ 職務遂行に必要となるスキルと知識は他社でも通用しました。
・ この銀行を辞めた時、職務遂行に必要となるスキルと知識のほとんどが転職に役立ちました。
・ 職務遂行に必要となるスキルと知識を他社で適用することは難しかったです。(R)
・ 業務遂行に必要となるスキルと知識のほとんどはこの銀行でしか適用できませんでした。(R)

出所：Kimら（1996）, Price（2001）より筆者作成（R は逆転項目）

2.2　一般教育

　本研究で使用されている一般教育に関わる質問項目は前述したKimらによって、1996年に提案されたものである（Kimら, 1996）。これらの項目はPrice氏の2001年に発表した論文に載せられている。具体的な内容は**図表 5.2**の通りである。

2.3　自主権

　自主権は9つの項目で測定される。この9つの項目はBreaugh氏が1985年に提案したものである。Breaugh氏が1985年に自主権の測定尺度に関する実証研究を行い、この9つの項目で、業務遂行の「方法」、「スケジュール」、

図表 5.3　自主権における質問項目

自主権
・ 作業方法を自分で決める権利がありました。
・ 仕事の流れを自分で決める権利がありました。
・ 仕事のやり方を自分で選ぶ権利がありました。
・ 仕事のスケジュールを自分で管理する権利がありました。
・ 作業順序を自分で決める権利がありました。
・ 仕事を進める時、具体的に何の作業をするのかを自分で決める権利がありました。
・ 重要な作業に集中し、必要のない作業に時間を取られないように、通常の作業方法を自分で変更する権利がありました。
・ 仕事の目標を自分で変更する権利がありました。
・ 目標設定の場合、自分がある程度コントロールできる権利がありました。

出所：Breaugh（1985）より筆者作成

「基準」という3つの側面から自主権を評価した。具体的な質問項目は**図表 5.3**の通りである。

2.4　配合の正当性

　配合の正当性において、5つの質問項目がある。これらの質問項目はPrice氏が2001年に提案した6つの尺度を踏まえたものである。しかし、Price氏によると、この6つの尺度の信頼性と妥当性はまだ検証されていないという。本研究は予備調査で統計的方法によって作成した質問項目に対し、信頼性と妥当性分析を行う。具体的な質問内容は**図表5.4**の通りである。

2.5　手続きの正当性

　手続きの正当性が6つの質問項目で測定される。これらの質問項目も

図表 5.4　配合の正当性における質問項目

配合の正当性
・ ほとんどの昇進は在職年数に基づいて行われていました。(R)
・ 上司と仲が良い従業員は出世が早かったです。(R)
・ 新入社員採用の選考基準は業務遂行に必要とされる能力でした。
・ 評価される従業員は会社への貢献度が最も高い従業員でした。
・ 有能な従業員が銀行から奨励されました。

出所：Price（2001）より筆者作成

図表 5.5　手続きの正当性における質問項目

手続きの正当性
・ 規則や規定は、すべての従業員に平等に適用されていました。
・ 職務等級の高い従業員は、ルールを守らなくても大丈夫でした。(R)
・ ラインマネージャーは、その規則や規定を全員に真剣に適用する努力をほとんどしていなかったです。(R)
・ ラインマネージャーは規則や規定を適用する際に多くの例外を設けていました。(R)
・ 従業員は、たとえ上司と仲が良くても、規則に従わなければなりませんでした。
・ すべての従業員は規則や規定の遵守を免れることはできませんでした。

出所：Price（2001）より筆者作成

Price氏が2001年に新しく提案したものである。本研究では後節で、統計的方法によって作成した質問項目に対し、信頼性と妥当性分析を行う。具体的な質問内容は**図表5.5**の通りである。

2.6　仕事のストレス

　本研究は前述したように「業務を遂行する手段の欠如」、「不明確な役割」、「役割の衝突」および「過負荷な仕事」といった4つのストレスタイプ

図表5.6　仕事のストレスにおける質問項目

仕事のストレス	
業務を遂行する手段の欠如	・ 私には仕事をするのに十分なスペースがありませんでした。(R)
	・ 私には仕事をするのに十分な設備がありました。
不明確な役割	・ 仕事を進める時、私はどこまでが自分の責任なのかわからなかったです。(R)
	・ 私は仕事で銀行から求められる役割がはっきりわかりました。
役割の衝突	・ 異なる上司から矛盾のある指示を受けていました。(R)
	・ 直属の上司から矛盾のある指示を受けていました。(R)
過負荷な仕事	・ すべての仕事を終えるのに十分な時間がありませんでした。(R)
	・ 仕事の量が多すぎました。(R)
	・ 私は仕事をスピードアップしなければなりませんでした。(R)

出所：Kimら(1996), Price (2001) より筆者作成

からストレスを測定する。質問項目は前述したKimら (1996) が提案し尺度を踏まえたものである。具体的な質問内容は**図表5.6**の通りである。

2.7　賃金水準

賃金水準において、6つの質問項目が使われている。これらの質問項目はミシガン大学1975年 (Survey Research Center, 1975) の仕事に関する測定尺度開発研究から引用されたものである。具体的な内容は**図表5.7**の通りである。

2.8　プロモーションチャンス

プロモーションチャンスにおいて5つの質問項目がある。Price氏 (2001) によると、プロモーションチャンスは従業員が知覚した組織内での昇進

図表 5.7　賃金水準における質問項目

賃金水準
・ 自分のスキルと仕事への努力を考えれば、私は自分の給料に満足していました。
・ 私の報酬は私が仕事をどれほどうまく遂行するかに左右されていました。
・ 他の外資系銀行と比べ、私の給与は低くなかったです。
・ 私は自分の給与に非常に不満を持っていました。（R）
・ 私は銀行の報酬制度に非常に満足していました。
・ 他の同僚の給与と比べ、私の給与は低くはなかったです。

出所：Survey Research Center（1975）より筆者作成

図表 5.8　プロモーションチャンスにおける質問項目

プロモーションチャンス
・ プロモーションは定期的に行われました。
・ 有力なポジションへ出世するチャンスがありました。
・ 全銀行員は一般社員から始まり、だんだんと上の役職に昇進していくという仕組みが整っていました。
・ 私の昇進の可能性は高かったです。
・ 私が管理職になれる可能性は高かったです。

出所：Kimら（1996）, Survey Research Center（1975）より筆者作成

可能性という側面から測定できるという。本研究で使われている5つの質問項目のうち、3つは前述したKimらが開発したもので（Kimら, 1996）、Price氏の2001年に発表した論文に載せられている（Price, 2001）。本研究はKimら（1996）のインタビュー調査結果を参考にし、3つの質問項目を選んだ。

　残った2つの質問項目は、ミシガン大学が1975年に発表した「ミシガン組織評価調査票」におけるプロモーションチャンスを測定する尺度をもと

図表5.9　仕事のルーチン化における質問項目

仕事のルーチン化
・　私の仕事には多様性がありました。(R)
・　私は仕事でさまざまなことを経験する機会がありました。(R)
・　私は仕事で同じ作業を繰り返していました。
・　私は毎日同じような場面に遭遇していました。

出所：Kimら（1996）, Price（2001）より筆者作成

にしたものである（Survey Research Center, 1975）。本研究はこの2つの質問項目を上記のKimらの3つの質問項目と合わせて、プロモーションチャンスを測定する。詳細は**図表5.8**の通りである。

2.9　仕事のルーチン化

本研究は4つの質問項目を使用し、仕事のルーチン化を測定する。これらの質問項目はKimら1996年の研究から引用された（Price, 2001）。具体的な質問内容は**図表5.9**の通りである。

2.10　仕事の充実感

仕事の充実感において、5つの質問項目がある。これら5つの項目はHackman and Oldhamが1974年の職務特性モデルを提唱したときに開発した尺度である。具体的な内容は**図表5.10**の通りである。

2.11　能力適性と配属のミスマッチ

本研究で5つの質問項目を用いて、能力適性と配属のミスマッチを測定

図表 5.10　仕事の充実感における質問項目

仕事の充実感
・ 仕事がうまくできたとき、私の自己評価は上がりました。
・ 私の仕事はほとんど役に立たなかったか、つまらなかったです。(R)
・ 仕事がうまくできたとき、私は自己満足を感じました。
・ 私がしている仕事は私にとって非常に有意義でした。
・ 私がどれだけ仕事をうまくやったかは自分の気持ちに影響しませんでした。(R)

出所：Hackman & Oldham（1974）より筆者作成

図表 5.11　能力適性と配属のミスマッチにおける質問項目

能力適性と配属のミスマッチ
・ 自分はこの仕事に向いていなかったです。(R)
・ 自分のスキルに仕事が合わなかったです。(R)
・ 思い描いていた仕事内容と違いました。(R)
・ 自分の能力適性と仕事内容がマッチしました。
・ 自分の能力が発揮できました。

出所：筆者作成

する。これらの質問項目は筆者が作成した（**図表5.11**）。

2.12　ラインマネージャー

　ラインマネージャーにおいて、15の質問項目がある（**図表5.12**）。本研究では前述した1975年ミシガン大学開発した15の質問項目を用いて、ラインマネージャーを「対人関係能力」、「権限委譲」、「部下を守ること」、「目標の明確化」、「部下への指導」、「目標達成」、「評価」、「総合能力」、「バイアス」、「専門知識」、「ソーシャル」、「パーソナルサポート」、「ロールサポー

図表 5.12　ラインマネージャーにおける質問項

ラインマネージャー
・ ラインマネージャー自身が仕事でミスを起こした時、それを部下のせいにしました。(R)
・ ラインマネージャーは仕事の進め方を私に任せてくれました。
・ ラインマネージャーは私を一人の人間として気にかけてくれていました。
・ ラインマネージャーは業務について具体的なアドバイスをしてくれました。
・ ラインマネージャーは私に質の高い仕事をすることを求めていました。
・ ラインマネージャーは有能でした。
・ ラインマネージャーの仕事関連の専門知識は豊富でした。
・ ラインマネージャーは自分の意見や考えに常に耳を傾けてくれました。
・ ラインマネージャーは常に部下に情報を与えていました。
・ ラインマネージャーは自分がやるべきことを明確にしてくれました。
・ ラインマネージャーは私の業績を正当に評価していました。
・ ラインマネージャーは気に入った部下だけを優遇していました。(R)
・ ラインマネージャーは部下に対して公平でした。
・ 自分の仕事の成果が出ると、ラインマネージャーはそれを評価してくれました。
・ ラインマネージャーはミスをした人を批判しました。

出所：Survey Research Center（1975）より筆者作成

ト」、「成果への評価」といった14の視点から調査する。

3. 予備調査

3.1　予備調査の実施

　本研究は「2. **離職モデルにおける各変数の尺度作成**」で作成した項目で構成される質問票を用いて、日系のMUFG（中国）、SMBC（中国）、みずほ（中国）および欧米系のHSBC（中国）、ハンセン（中国）、ANZ（中国）、

Citi（中国）といった7行の元行員（離職後6年以内）合計86人に対して離職の原因について予備調査を行った。調査期間は、2021年3月1日から2021年4月30日までである。予備調査の目的は、アンケート調査の結果をもとにした項目分析により、各尺度を測定するためのアンケート質問項目の適合性を検討し、質問項目を洗練させることである。

　予備調査で使用したアンケート項目を**図表5.13**に、調査対象者のプロフィールを**図表5.14**に示す。

　回答形式は前述したようにリッカート・スケール尺度として5件法を用いた。選択肢は「まったくそう思わない」、「あまりそう思わない」、「どちらともいえない」、「まあそう思う」、「とてもそう思う」で設定される。アンケート調査から取得した各質問項目の回答結果に1点から5点を付与する。正の回答結果ほど高い点数となるように得点化を行った。ただし、(R)で示された逆転項目は、逆のスコアリングを行った。つまり、「とてもそう思う：5点」、「まあそう思う：4点」、「どちらともいえない：3点」、「あまりそう思わない：2点」、「まったくそう思わない：1点」。

3.2　予備調査の分析結果と考察

　本研究では、可能な限り少ない項目で内部の一貫性を備えた単一次元のスケールを構築するために、I-T相関分析、クロンバックのα係数、確認的因子分析を採用し、尺度項目の信頼性と妥当性を検証した。詳細は以下の通りである。

3.2.1　信頼性の検証：I-T相関分析とクロンバックのα係数

図表 5.13　予備調査におけるアンケート項目

離職要因調査		
変数		項目
a 機会	a1	この銀行と比べ、同じくらい良い勤務先を見つけることは難しかったです。
	a2	この銀行と比べ、より良い勤務先を見つけることは難しかったです。
	a3	この銀行と比べ、これよりずっと良い仕事を見つけるのは難しかったです。
b 一般教育	b1	職務遂行に必要となるスキルと知識は他社でも通用しました。
	b2	この銀行を辞めた時、職務遂行に必要となるスキルと知識のほとんどが転職に役立ちました。
	b3	職務遂行に必要となるスキルと知識を他社で適用することは難しかったです。(R)
	b4	業務遂行に必要となるスキルと知識のほとんどはこの銀行でしか適用できませんでした。(R)
c 自主権	c1	作業方法を自分で決める権利がありました。
	c2	仕事の流れを自分で決める権利がありました。
	c3	仕事のやり方を自分で選ぶ権利がありました。
	c4	仕事のスケジュールを自分で管理する権利がありました。
	c5	作業順序を自分で決める権利がありました。
	c6	仕事を進める時、具体的に何の作業をするのかを自分で決める権利がありました。
	c7	重要な作業に集中し、必要のない作業に時間を取られないように、通常の作業方法を自分で変更する権利がありました。
	c8	仕事の目標を自分で変更する権利がありました。
	c9	目標設定の場合、自分がある程度コントロールできる権利がありました。
d 配合の正 当性	d1	ほとんどの昇進は在職年数に基づいて行われていました。(R)
	d2	上司と仲が良い従業員は出世が早かったです。(R)
	d3	新入社員採用の選考基準は業務遂行に必要とされる能力でした。
	d4	評価される従業員は会社への貢献度が最も高い従業員でした。
	d5	有能な従業員が銀行から奨励されました。
e 手続きの 正当性	e1	規則や規定は、すべての従業員に平等に適用されていました。
	e2	職務等級の高い従業員は、ルールを守らなくても大丈夫でした。(R)
	e3	ラインマネージャーは、その規則や規定を全員に真剣に適用する努力をほとんどしていなかったです。(R)
	e4	ラインマネージャーは規則や規定を適用する際に多くの例外を設けていました。(R)
	e5	従業員は、たとえ上司と仲が良くても、規則に従わなければなりませんでした。
	e6	すべての従業員は規則や規定の遵守を免れることはできませんでした。

f	f1	私には仕事をするのに十分なスペースがありませんでした。(R)
仕事のスト	f2	私には仕事をするのに十分な設備がありました。
レス	f3	仕事を進める時、私はどこまでが自分の責任なのかわからなかったです。(R)
	f4	私は仕事で銀行から求められる役割がはっきりわかりました。
	f5	役割の衝突—異なる上司から矛盾のある指示を受けていました。(R)
	f6	直属の上司から矛盾のある指示を受けていました。(R)
	f7	過負荷な仕事すべての仕事を終えるのに十分な時間がありませんでした。(R)
	f8	仕事の量が多すぎました。(R)
	f9	私は仕事をスピードアップしなければなりませんでした。(R)
g	g1	自分のスキルと仕事への努力を考えれば、私は自分の給料に満足していました。
賃金水準	g2	私の報酬は私が仕事をどれほどうまく遂行するかに左右されていました。
	g3	他の外資系銀行と比べ、私の給与は低くなかったです。
	g4	私は自分の給与に非常に不満を持っていました。(R)
	g5	私は銀行の報酬制度に非常に満足していました。
	g6	他の同僚の給与と比べ、私の給与は低くはなかったです。
h	h1	プロモーションは定期的に行われました。
プロモー	h2	有力なポジションへ出世するチャンスがありました。
ションチ	h3	全銀行員は一般社員から始まり、だんだんと上の役職に昇進していくという仕組みが整っていました。
ャンス	h4	私の昇進の可能性は高かったです。
	h5	私が管理職になれる可能性は高かったです。
i	i1	私の仕事には多様性がありました。(R)
仕事のル	i2	私は仕事でさまざまなことを経験する機会がありました。(R)
ーチン化	i3	私は仕事で同じ作業を繰り返していました。
	i4	私は毎日同じような場面に遭遇していました。
j	j1	仕事がうまくできたとき、私の自己評価は上がりました。
仕事の充	j2	私の仕事はほとんど役に立たなかったか、つまらなかったです。(R)
実感	j3	仕事がうまくできたとき、私は自己満足を感じました。
	j4	私がしている仕事は私にとって非常に有意義でした。
	j5	私がどれだけ仕事をうまくやったかは自分の気持ちに影響しませんでした。(R)
k	k1	自分はこの仕事に向いていなかったです。(R)
能力適性	k2	自分のスキルに仕事が合わなかったです。(R)
と配属の	k3	思い描いていた仕事内容と違いました。(R)
ミスマッ	k4	自分の能力適性と仕事内容がマッチしました。
チ	k5	自分の能力が発揮できました。

I	I1	ラインマネージャー自身が仕事でミスを起こした時、それを部下のせいにしました。(R)
ラインマ	I2	ラインマネージャーは仕事の進め方を私に任せてくれました。
ネージャ	I3	ラインマネージャーは私を一人の人間として気にかけてくれていました。
ー	I4	ラインマネージャーは業務について具体的なアドバイスをしてくれました。
	I5	ラインマネージャーは私に質の高い仕事をすることを求めていました。
	I6	ラインマネージャーは有能でした。
	I7	ラインマネージャーの仕事関連の専門知識は豊富でした。
	I8	ラインマネージャーは自分の意見や考えに常に耳を傾けてくれました。
	I9	ラインマネージャーは常に部下に情報を与えていました。
	I10	ラインマネージャーは自分がやるべきことを明確にしてくれました。
	I11	ラインマネージャーは私の業績を正当に評価していました。
	I12	ラインマネージャーは気に入った部下だけを優遇していました。(R)
	I13	ラインマネージャーは部下に対して公平でした。
	I14	自分の仕事の成果が出ると、ラインマネージャーはそれを評価してくれました。
	I15	ラインマネージャーはミスをした人を批判しました。

出所：筆者作成

　信頼性とは、測定値の安定性や一貫性のことで、調査結果の正確性を表す概念である。信頼性の検証は尺度に含まれる各項目が同じものを測定しているかどうかを確認することである。本研究では信頼性のある項目を選択するために、I–T相関分析とクロンバックのアルファ係数を用いて検証を行った。

① I–T相関（Item-Total Correlation）分析

　本研究では、**図表5.15**に示すように、各尺度における各項目の値と、その項目以外の項目の合計値との相関係数を算出した。その結果、項目f4の相関係数が有意ではないため、削除された。残ったすべてのI–T相関係数が有意であるが、I5の項目の値が低かった（r<.400）。そこで、本研究は、便宜的に、相関係数r>.400を一つの基準と設定し、これらの項目を一貫性の低い項目とみなし削除した。

図表 5.14　予備調査におけるアンケート調査　対象者の概要

	n(合計:86)	%
性別		
男性	39	45.3
女性	47	54.7
外資系銀行カテゴリー		
欧米系	45	52.3
日系	41	47.7
年齢		
25以下	4	4.7
26〜30	32	37.2
31〜35	37	43.0
36〜40	13	15.1
学歴		
専門学校	10	11.6
学士	64	74.4
修士	12	14.0
配偶者の有無		
無	49	57.0
有	37	43.0
子どもの人数		
なし	58	67.4
1人	28	32.6
勤務年数		
3年以下	16	18.6
3〜5年	42	48.8
5〜10年	23	26.7
10〜15年	5	5.8
職務		
フロントオフィス	29	33.7
ミドルオフィス	31	36.0
バックオフィス	26	30.2

出所：筆者作成

図表 5.15　予備調査における尺度信頼性の検証① I-T 相関分析

度数 :86

変数		項目	Pearson の相関係数	有意確率 (両側)
a 機会	a1	この銀行と比べ、同じくらい良い勤務先を見つけることは難しかったです。	.838**	0.000
	a2	この銀行と比べ、より良い勤務先を見つけることは難しかったです。	.880**	0.000
	a3	この銀行と比べ、これよりずっと良い仕事を見つけるのは難しかったです。	.815**	0.000
b 一般教育	b1	職務遂行に必要となるスキルと知識は他社でも通用しました。	.826**	0.000
	b2	この銀行を辞めた時、職務遂行に必要となるスキルと知識のほとんどが転職に役立ちました。	.899**	0.000
	b3	職務遂行に必要となるスキルと知識を他社で適用することは難しかったです。(R)	.930**	0.000
	b4	業務遂行に必要となるスキルと知識のほとんどはこの銀行でしか適用できませんでした。(R)	.964**	0.000
c 自主権	c1	作業方法を自分で決める権利がありました。	.660**	0.000
	c2	仕事の流れを自分で決める権利がありました。	.777**	0.000
	c3	仕事のやり方を自分で選ぶ権利がありました。	.553**	0.000
	c4	仕事のスケジュールを自分で管理する権利がありました。	.789**	0.000
	c5	作業順序を自分で決める権利がありました。	.802**	0.000
	c6	仕事を進める時、具体的に何の作業をするのかを自分で決める権利がありました。	.408**	0.000
	c7	重要な作業に集中し、必要のない作業に時間を取られないように、通常の作業方法を自分で変更する権利がありました。	.747**	0.000
	c8	仕事の目標を自分で変更する権利がありました。	.640**	0.000
	c9	目標設定の場合、自分がある程度コントロールできる権利がありました。	.747**	0.000
d 配合の正当性	d1	ほとんどの昇進は在職年数に基づいて行われていました。(R)	.340**	0.000
	d2	上司と仲が良い従業員は出世が早かったです。(R)	.385**	0.001

d 配合の正当性	d3	新入社員採用の選考基準は業務遂行に必要とされる能力でした。	.481**	0.000
	d4	評価される従業員は会社への貢献度が最も高い従業員でした。	.590**	0.000
	d5	有能な従業員が銀行から奨励されました。	.625**	0.000
e 手続きの正当性	e1	規則や規定は、すべての従業員に平等に適用されていました。	.794**	0.000
	e2	職務等級の高い従業員は、ルールを守らなくても大丈夫でした。(R)	.753**	0.000
	e3	ラインマネージャーは、その規則や規定を全員に真剣に適用する努力をほとんどしていなかったです。(R)	.847**	0.000
	e4	ラインマネージャーは規則や規定を適用する際に多くの例外を設けていました。(R)	.747**	0.000
	e5	従業員は、たとえ上司と仲が良くても、規則に従わなければなりませんでした。	.824**	0.000
	e6	すべての従業員は規則や規定の遵守を免れることはできませんでした。	.811**	0.000
f 仕事のストレス	f1	私には仕事をするのに十分なスペースがありませんでした。(R)	.371**	0.000
	f2	私には仕事をするのに十分な設備がありました。	.291**	0.007
	f3	仕事を進める時、私はどこまでが自分の責任なのかわからなかったです。(R)	.361**	0.001
	f4	私は仕事で銀行から求められる役割がはっきりわかりました。	.049	0.657
	f5	役割の衝突異なる上司から矛盾のある指示を受けていました。(R)	.316**	0.003
	f6	直属の上司から矛盾のある指示を受けていました。(R)	.359**	0.001
	f7	過負荷な仕事すべての仕事を終えるのに十分な時間がありませんでした。(R)	.796**	0.000
	f8	仕事の量が多すぎました。(R)	.800**	0.000
	f9	私は仕事をスピードアップしなければなりませんでした。(R)	.781**	0.000
g 賃金水準	g1	自分のスキルと仕事への努力を考えれば、私は自分の給料に満足していました。	.753**	0.000
	g2	私の報酬は私が仕事をどれほどうまく遂行するかに左右されていました。	.843**	0.000

g	g3	他の外資系銀行と比べ、私の給与は低くなかったです。	.826**	0.000
賃金水準	g4	私は自分の給与に非常に不満を持っていました。(R)	.907**	0.000
	g5	私は銀行の報酬制度に非常に満足していました。	.610**	0.000
	g6	他の同僚の給与と比べ、私の給与は低くはなかったです。	.640**	0.000
h	h1	プロモーションは定期的に行われました。	.474**	0.000
プロモー	h2	有力なポジションへ出世するチャンスがありました。	.293**	0.006
ションチ	h3	全銀行員は一般社員から始まり、だんだんと上の役職に昇進していくという仕組みが整っていました。	.256*	0.018
ャンス	h4	私の昇進の可能性は高かったです。	.656**	0.000
	h5	私が管理職になれる可能性は高かったです。	.583**	0.000
i	i1	私の仕事には多様性がありました。(R)	.790**	0.000
仕事のル	i2	私は仕事でさまざまなことを経験する機会がありました。(R)	.671**	0.000
ーチン化	i3	私は仕事で同じ作業を繰り返していました。	.364**	0.001
	i4	私は毎日同じような場面に遭遇していました。	.466**	0.000
j	j1	仕事がうまくできたとき、私の自己評価は上がりました。	.359**	0.001
仕事の充	j2	私の仕事はほとんど役に立たなかったか、つまらなかったです。(R)	.798**	0.000
実感	j3	仕事がうまくできたとき、私は自己満足を感じました。	.721**	0.000
	j4	私がしている仕事は私にとって非常に有意義でした。	.798**	0.000
	j5	私がどれだけ仕事をうまくやったかは自分の気持ちに影響しませんでした。(R)	.563**	0.000
k	k1	自分はこの仕事に向いていなかったです。(R)	.702**	0.000
能力適性	k2	自分のスキルに仕事が合わなかったです。(R)	.768**	0.000
と配属の	k3	思い描いていた仕事内容と違いました。(R)	.238*	0.027
ミスマッ	k4	自分の能力適性と仕事内容がマッチしました。	.890**	0.000
チ	k5	自分の能力が発揮できました。	.868**	0.000
l	l1	ラインマネージャー自身が仕事でミスを起こした時、それを部下のせいにしました。(R)	.655**	0.000
ラインマ	l2	ラインマネージャーは仕事の進め方を私に任せてくれました。	.341**	0.001
ネージャ	l3	ラインマネージャーは私を一人の人間として気にかけてくれていました。	.563**	0.000
ー	l4	ラインマネージャーは業務について具体的なアドバイスをしてくれました。	.581**	0.000

	I5	ラインマネージャーが私に質の高い仕事をすることを求めていました。	.300**	0.005
ラインマネージャー	I6	ラインマネージャーは有能でした。	.435**	0.000
	I7	ラインマネージャーの仕事関連の専門知識は豊富でした。	.561**	0.000
	I8	ラインマネージャーが自分の意見や考えに常に耳を傾けてくれました。	.602**	0.000
	I9	ラインマネージャーが部下に常に情報を与えていました。	.708**	0.000
	I10	ラインマネージャーが自分がやるべきことを明確にしてくれました。	.501**	0.000
	I11	ラインマネージャーが私の業績を正当に評価していました。	.481**	0.000
	I12	ラインマネージャーが気に入りの部下だけを優遇していました。	.578**	0.000
	I13	ラインマネージャーは部下に対して公平でした。	.588**	0.000
	I14	自分の仕事の成果が出ると、ラインマネージャーがそれを評価してくれました。	.470**	0.000
	I15	ラインマネージャーはミスをした人を批判しました。	-.352**	0.001

**．相関係数は 1% 水準で有意（両側）です。/ 出所：筆者作成

②クロンバックのアルファ係数（Cronbach's α）

　前述した相関係数分析をして、残った項目のクロンバックα係数を求めた。クロンバックα係数は尺度の信頼性を示す指標である。本研究ではクロンバックα係数にHairら（2010）の基準値（α≧.70）を設定した。また、尺度の内的整合性を尺度全体および各項目で検討するために、各尺度全体のα係数、および各項目が削除された場合のα係数を算出した。その結果、「d 配合の正当性」、「h プロモーションチャンス」と「i 仕事のルーチン化」は、それぞれα=.483、α=.372、α=.557と低い値が得られた。なお、「d

図 5.16　予備調査における尺度信頼性の検証②クロンバックの α 係数

度数：86

変数		項目	Cronbach のアルファ	項目が削除された場合の Cronbach のアルファ
a 機会	a1	この銀行と比べ、同じくらい良い勤務先を見つけることは難しかったです。	0.787	0.685
	a2	この銀行と比べ、より良い勤務先を見つけることは難しかったです。		0.610
	a3	この銀行と比べ、これよりずっと良い仕事を見つけるのは難しかったです。		0.846
b 一般教育	b1	職務遂行に必要となるスキルと知識は他社でも通用しました。	0.925	0.947
	b2	この銀行を辞めた時、職務遂行に必要となるスキルと知識のほとんどが転職に役立ちました。		0.904
	b3	職務遂行に必要となるスキルと知識を他社で適用することは難しかったです。(R)		0.888
	b4	業務遂行に必要となるスキルと知識のほとんどはこの銀行でしか適用できませんでした。(R)		
c 自主権	c1	作業方法を自分で決める権利がありました。	0.857	0.849
	c2	仕事の流れを自分で決める権利がありました。		0.830
	c3	仕事のやり方を自分で選ぶ権利がありました。		0.857
	c4	仕事のスケジュールを自分で管理する権利がありました。		0.829
	c5	作業順序を自分で決める権利がありました。		0.828
	c6	仕事を進める時、具体的に何の作業をするのかを自分で決める権利がありました。		0.865
	c7	重要な作業に集中し、必要のない作業に時間を取られないように、通常の作業方法を自分で変更する権利がありました。		0.834
	c8	仕事の目標を自分で変更する権利がありました。		0.846
	c9	目標設定の場合、自分がある程度コントロールできる権利がありました。		0.835
d 配合の正当性	d3	新入社員採用の選考基準は業務遂行に必要とされる能力でした。	0.483	0.726
	d4	評価される従業員は会社への貢献度が最も高い従業員でした。		0.284

	d5	有能な従業員が銀行から奨励されました。		0.039
e 手続きの 正当性	e1	規則や規定は、すべての従業員に平等に適用されていました。	0.884	0.865
	e2	職務等級の高い従業員は、ルールを守らなくても大丈夫でした。(R)		0.871
	e3	ラインマネージャーは、その規則や規定を全員に真剣に適用する努力をほとんどしていなかったです。(R)		0.852
	e4	ラインマネージャーは規則や規定を適用する際に多くの例外を設けていました。(R)		0.875
	e5	従業員は、たとえ上司と仲が良くても、規則に従わなければなりませんでした。		0.858
	e6	すべての従業員は規則や規定の遵守を免れることはできませんでした。		0.862
f 仕事のス トレス	f7	過負荷な仕事すべての仕事を終えるのに十分な時間がありませんでした。(R)	0.904	0.888
	f8	仕事の量が多すぎました。(R)		0.850
	f9	私は仕事をスピードアップしなければなりませんでした。(R)		0.851
g 賃金水準	g1	自分のスキルと仕事への努力を考えれば、私は自分の給料に満足していました。	0.861	0.839
	g2	私の報酬は私が仕事をどれほどうまく遂行するかに左右されていました。		0.824
	g3	他の外資系銀行と比べ、私の給与は低くなかったです。		0.823
	g4	私は自分の給与に非常に不満を持っていました。(R)		0.800
	g5	私は銀行の報酬制度に非常に満足していました。		0.865
	g6	他の同僚の給与と比べ、私の給与は低くはなかったです。		0.859
h プロモ ーション チャンス	h1	プロモーションは定期的に行われました。	0.372	0.791
	h4	私の昇進の可能性は高かったです。		-.079
	h5	私が管理職になれる可能性は高かったです。		0.157
i 仕事のル ーチン化	i1	私の仕事には多様性がありました。(R)	0.557	0.107
	i2	私は仕事でさまざまなことを経験する機会がありました。(R)		0.337
	i4	私は毎日同じような場面に遭遇していました。		0.722
j 仕事の充 実感	j2	私の仕事はほとんど役に立たなかったか、つまらなかったです。(R)	0.737	0.614
	j3	仕事がうまくできたとき、私は自己満足を感じました。		0.692

166

	j4	私がしている仕事は私にとって非常に有意義でした。		0.603
	j5	私がどれだけ仕事をうまくやったかは自分の気持ちに影響しませんでした。(R)		0.760
k 能力適性と配属のミスマッチ	k1	自分はこの仕事に向いていなかったです。(R)	0.884	0.857
	k2	自分のスキルに仕事が合わなかったです。(R)		0.825
	k4	自分の能力適性と仕事内容がマッチしました。		0.748
	k5	自分の能力が発揮できました。		0.760
l ラインマネージャー	l1	ラインマネージャー自身が仕事でミスを起こした時、それを部下のせいにしました。(R)	0.810	0.787
	l3	ラインマネージャーは私を一人の人間として気にかけてくれていました。		0.796
	l4	ラインマネージャーは業務について具体的なアドバイスをしてくれました。		0.798
	l6	ラインマネージャーは有能でした。		0.807
	l7	ラインマネージャーの仕事関連の専門知識は豊富でした。		0.796
	l8	ラインマネージャーは自分の意見や考えに常に耳を傾けてくれました。		0.790
	l9	ラインマネージャーは常に部下に情報を与えていました。		0.780
	l10	ラインマネージャーは自分がやるべきことを明確にしてくれました。		0.807
	l11	ラインマネージャーは私の業績を正当に評価していました。		0.809
	l12	ラインマネージャーは気に入った部下だけを優遇していました。(R)		0.790
	l13	ラインマネージャーは部下に対して公平でした。		0.791
	l14	自分の仕事の成果が出ると、ラインマネージャーはそれを評価してくれました。		0.802

**. 相関係数は 1％水準で有意（両側）です。/ 出所：筆者作成

配合の正当性」における項目d3、「h プロモーションチャンス」における項目h1と「i 仕事のルーチン化」における項目i4を除いた場合の α 係数は、それぞれ α =.726、 α =.791、 α =.722となる。そこで、項目d3、h1、i4は整合性が低いため削除された（**図表5.16**）。このようにして、すべての尺度

図表 5.17　予備調査における確認的因子分析　因子負荷量

因子		観測変数（各質問）	標準化推定値 (Standardized Estimate)
a 機会	a1	この銀行と比べ、同じくらい良い勤務先を見つけることは難しかったです。	0.947
	a2	この銀行と比べ、より良い勤務先を見つけることは難しかったです。	0.776
b 一般教育	b3	職務遂行に必要となるスキルと知識を他社で適用することは難しかったです。(R)	0.914
	b4	業務遂行に必要となるスキルと知識のほとんどはこの銀行でしか適用できませんでした。(R)	0.998
c 自主権	c7	重要な作業に集中し、必要のない作業に時間を取られないように、通常の作業方法を自分で変更する権利がありました。	0.920
	c9	目標設定の場合、自分がある程度コントロールできる権利がありました。	0.770
d 配合の 正当性	d4	評価される従業員は会社への貢献度が最も高い従業員でした。	0.572
	d5	有能な従業員が銀行から奨励されました。	1.000
e 手続きの 正当性	e1	規則や規定は、すべての従業員に平等に適用されていました。	0.939
	e3	ラインマネージャーは、その規則や規定を全員に真剣に適用する努力をほとんどしていなかったです。(R)	0.915
f 仕事の ストレス	f8	仕事の量が多すぎました。(R)	0.803
	f9	私は仕事をスピードアップしなければなりませんでした。(R)	1.000
g 賃金水準	g3	他の外資系銀行と比べ、私の給与は低くなかったです。	1.000
	g4	私は自分の給与に非常に不満を持っていました。(R)	0.765
h プロモーションチャンス	h4	私の昇進の可能性は高かったです。	0.842
	h5	私が管理職になれる可能性は高かったです。	0.780
i 仕事のルーチン化	i1	私の仕事には多様性がありました。(R)	0.696
	i2	私は仕事でさまざまなことを経験する機会がありました。(R)	0.813
j 仕事の 充実感	j2	私の仕事はほとんど役に立たなかったか、つまらなかったです。(R)	0.914
	j4	私がしている仕事は私にとって非常に有意義でした。	0.728
k 能力適性 と配属のミ スマッチ	k4	自分の能力適性と仕事内容がマッチしました。	1.000
	k5	自分の能力が発揮できました。	0.923
l ライン マネージ ャー	l12	ラインマネージャーは気に入った部下だけを優遇していました。(R)	0.896
	l13	ラインマネージャーは部下に対して公平でした。	0.924

出所：筆者作成

図表5.18　予備調査における確認的因子分析　AVE CR

因子	平均分散抽出 AVE (Average Variance Extracted)	合成信頼性 CR (Composite Reliability)
a 機会	0.738	0.849
b 一般教育	0.919	0.957
c 自主権	0.701	0.824
d 配合の正当性	0.641	0.771
e 手続きの正当性	0.860	0.925
f 仕事のストレス	0.803	0.890
g 賃金水準	0.749	0.856
h プロモーションチャンス	0.654	0.791
i 仕事のルーチン化	0.570	0.725
j 仕事の充実感	0.679	0.807
k 能力適性と配属のミスマッチ	0.929	0.963
l ラインマネージャー	0.828	0.906

AVE（Average Variance Extracted）＝平均分散抽出、CR（Composite Reliability）＝合成信頼性
出所：筆者作成

の全体の α 係数が0.7以上となり、内的整合性が確認された。

3.2.2　妥当性の検証：確認的因子分析（Confirmatory factor analysis）

　妥当性検証は測定したい構成内容を正しく測定できているかということを示す概念である。本研究では、信頼性検証を経て残った項目を尺度項目の候補として、因子分析にかけた。なお、本研究では既存の尺度を用いてデータを収集し、因子構造が理論的に想定できるため、探索的ではなく、確認的因子分析を行った。統計ソフトはSPSSAUを使用した。確認的因子分析において、以下の統計量がある。

①因子負荷

　因子負荷量は、それぞれの項目が、ある因子を反映している程度と向き

を示す数値である[86]。因子負荷量は、一般的に、.50以上の値が望ましいと指摘されている（Hair他, 2010）。そこで、本研究では、.50を下回った項目を削除した。こうして残った24の尺度に対して再度確認的因子分析にかけた結果、各項目は共通因子に0.5以上の負荷量を示し、これらの項目はそれぞれ仮定された因子（尺度）に明確的に対応していると判断できる（**図表5.17**）。したがって、本研究ではこの24項目から構成される尺度を離職原因の測定尺度として検証を進めた。

②平均分散抽出AVEと合成信頼性CR

平均分散抽出AVE（Average Variance Extracted）は収束的妥当性を測定する指標である[87]。本研究では、Fornell & Larckerが指摘したAVE≥.50を基準値として設定した[88]。合成信頼性CR（Composite Reliability）は、2つ以上の項目の合成からなる新しい変数の信頼性を測定する統計量である。本研究では、CR≥.70を基準として検討した[89]。

図表5.18に示すように、上記の洗練された24項目のAVE（.570 〜 .929）を算出したところ、すべての因子において基準値である.50を満たしている。CRは.725 〜 .963の範囲内の値であり、いずれも基準値である.70を上回った。AVEとCRの結果が基準値を満たしたことから、尺度の収束妥当性および合成信頼性が確認された。

③因子間のPearson相関およびAVEの平方根

本研究では因子間のPearson相関およびAVEの平方根の比較を行って、各尺度の弁別的妥当性を検討した。弁別的妥当性について、AVEの平方根が因子間のPearson相関より高い場合、弁別的妥当性が確認される（Hair他, 2010）。**図表5.19**に示すように、すべての因子間でPearson相関よりも

図表 5.19　予備調査における確認的因子分析　Pearson 相関および AVE の平方根

	a 機会	b 一般教育	c 自主権	d 配合の正当性	e 手続きの正当性	f 仕事のストレス	g 賃金水準	h プロモーションチャンス	i 仕事のルーチン化	j 仕事の充実感	k 能力適性と配属のミスマッチ	l ラインマネージャー
a 機会	0.859											
b 一般教育	0.012	0.958										
c 自主権	0.078	0.554	0.838									
d 配合の正当性	0.154	0.207	0.007	0.800								
e 手続きの正当性	-0.039	0.203	0.154	0.090	0.927							
f 仕事のストレス	0.116	-0.097	-0.023	-0.022	0.016	0.896						
g 賃金水準	-0.054	0.227	0.417	0.112	0.117	-0.035	0.865					
h プロモーションチャンス	-0.002	-0.022	-0.118	0.011	0.137	-0.175	-0.158	0.809				
i 仕事のルーチン化	-0.080	-0.030	0.033	-0.094	-0.061	-0.382	0.148	0.072	0.755			
j 仕事の充実感	0.062	0.130	0.144	0.109	0.502	0.025	0.084	0.192	0.089	0.824		
k 能力適性と配属のミスマッチ	-0.038	0.216	0.107	-0.108	-0.129	-0.118	0.055	0.066	0.219	0.095	0.964	
l ラインマネージャー	-0.176	0.025	0.017	-0.108	0.093	-0.434	0.099	0.151	0.411	0.002	0.039	0.910

相関係数を対角線から左下半分に表示した。対角線には各因子の AVE の平方根を表示した。
出所：筆者作成

図表 5.20　予備調査における確認的因子分析　モデル適合度検定

適合度指標							
	χ^2	df	p	χ^2/df	RMSEA	CFI	NNFI	TLI
基準値			>.05	<3	<0.10	≧.90	≧.90	≧.90
値	200.172	186	0.226	1.076	0.03	0.987	0.981	0.981

RMSEA（Root Mean Square Error of Approximation）＝平均二乗誤差平方根、CFI（Comparative fit index）＝比較適合指標、NFI（Normed fit index）＝標準化適合指標、NNFI（Non-Normed Fit Index）＝非標準化適合指標、TLI（Tucker-Lewis Index）＝Tucker-Lewis 指標 / 出所：筆者作成

AVEの平方根の方が高い値を示したことから、各尺度が弁別的妥当性を持つといえよう。

④モデル適合度検定

　本研究ではモデル適合度指標としてカイ2乗値（乖離度）、RMSEA（Root Mean Square Error of Approximation：平均二乗誤差平方根）、CFI（Comparative fit index：比較適合指標）、NNFI（Non-Normed Fit Index：非標準化適合指標）、TLI（Tucker-Lewis指標）を算出した。それぞれの基準値 χ^2/df<3（Carmines & McIver, 1981）、RMSEA≦.08（Browne and Cudeck, 1993）、CFI≧.90、NNFI≧.90、TLI≧.90（Hu & Bentler, 1999）を設定した。その結果は、χ^2/df=1.076, RMSEA=0.03、CFI=0.987、NNFI=0.981、TLI=0.981となり、基準値を満たしたため、因子構造がデータに適合していることを確認した（**図表5.20**）。

　以上の信頼性と妥当性の検証結果から、洗練した24項目から構成される尺度は充分な信頼性と妥当性が保たれていることが確認できた。

第 6 章

実証研究における本調査

1. 本調査の実施

1.1 調査対象と調査項目

　予備調査の結果を受け、中国進出日欧米系銀行の元銀行員に対し、離職要因について本調査を行った。実施期間は2021年5月1日から2021年6月30日までである。

　調査対象者：中国進出日欧米系銀行の7行（日系のMUFG（中国）、SMBC（中国）、みずほ（中国）および欧米系のHSBC（中国）、ハンセン（中国）、ANZ（中国）、Citi（中国））の元銀行員、計191名。うち、女性が113名、男性が78名であった。

　調査項目：予備調査で検証されたものを使用した。**図表6.1**に示すように、機会、一般教育、自主権、配合の正当性、手続きの正当性、仕事のストレス、賃金水準、プロモーションチャンス、仕事のルーチン化、仕事の充実感、能力適性と配属のミスマッチ、ラインマネージャーといった要因に対して、予備調査で検証された合計24項目を用いて測定する。調査票では、リッカート・スケール尺度として5件法で測定した。選択肢については、「まったくそう思わない」から「とてもそう思う」で回答を求めた。正の回答結果ほど高い点数となるように得点化を行った。(R)で示された逆転項目は、逆のスコアリングを行った。

1.2 データ収集

　実証研究Iは、予備調査で洗練した項目で構成される質問紙を用いて、

変数		項目
a. 機会	a1.	この銀行と比べ、同じくらい良い勤務先を見つけることは難しかったです。 1. まったくそう思わない　2. あまりそう思わない　3. どちらともいえない 4. まあそう思う　5. とてもそう思う
	a2.	この銀行と比べ、より良い勤務先を見つけることは難しかったです。 1. まったくそう思わない　2. あまりそう思わない　3. どちらともいえない 4. まあそう思う　5. とてもそう思う
b. 一般教育	b1.	職務遂行に必要となるスキルと知識を他社で適用することは難しかったです。(R) 1. まったくそう思わない　2. あまりそう思わない　3. どちらともいえない 4. まあそう思う　5. とてもそう思う
	b2.	業務遂行に必要となるスキルと知識のほとんどはこの銀行でしか適用できませんでした。(R) 1. まったくそう思わない　2. あまりそう思わない　3. どちらともいえない 4. まあそう思う　5. とてもそう思う
c. 自主権	c1.	重要な作業に集中し、必要のない作業に時間を取られないように、通常の作業方法を自分で変更する権利がありました。 1. まったくそう思わない　2. あまりそう思わない　3. どちらともいえない 4. まあそう思う　5. とてもそう思う
	c2.	目標設定の場合、自分がある程度コントロールできる権利がありました。 1. まったくそう思わない　2. あまりそう思わない　3. どちらともいえない 4. まあそう思う　5. とてもそう思う
d. 配合の正当性	d1.	評価される従業員は会社への貢献度が最も高い従業員でした。 1. まったくそう思わない　2. あまりそう思わない　3. どちらともいえない 4. まあそう思う　5. とてもそう思う
	d2.	有能な従業員が銀行から奨励されました。 1. まったくそう思わない　2. あまりそう思わない　3. どちらともいえない 4. まあそう思う　5. とてもそう思う
e. 手続きの正当性	e1.	規則や規定は、すべての従業員に平等に適用されていました。 1. まったくそう思わない　2. あまりそう思わない　3. どちらともいえない 4. まあそう思う　5. とてもそう思う
	e2.	ラインマネージャーは、その規則や規定を全員に真剣に適用する努力をほとんどしていなかったです。(R) 1. まったくそう思わない　2. あまりそう思わない　3. どちらともいえない 4. まあそう思う　5. とてもそう思う

f. 仕事のストレス	f1.	仕事の量が多すぎました。(R) 1. まったくそう思わない　2. あまりそう思わない　3. どちらともいえない 4. まあそう思う　5. とてもそう思う
	f2.	私は仕事をスピードアップしなければなりませんでした。(R) 1. まったくそう思わない　2. あまりそう思わない　3. どちらともいえない 4. まあそう思う　5. とてもそう思う
g. 賃金水準	g1.	他の外資系銀行と比べ、私の給与は低くなかったです。 1. まったくそう思わない　2. あまりそう思わない　3. どちらともいえない 4. まあそう思う　5. とてもそう思う
	g2.	私は自分の給与に非常に不満を持っていました。(R) 1. まったくそう思わない　2. あまりそう思わない　3. どちらともいえない 4. まあそう思う　5. とてもそう思う
h. プロモーションチャンス	h1.	私の昇進の可能性は高かったです 1. まったくそう思わない　2. あまりそう思わない　3. どちらともいえない 4. まあそう思う　5. とてもそう思う
	h2.	私が管理職になれる可能性は高かったです。 1. まったくそう思わない　2. あまりそう思わない　3. どちらともいえない 4. まあそう思う　5. とてもそう思う
i. 仕事のルーチン化	i1.	私の仕事には多様性がありました。(R) 1. まったくそう思わない　2. あまりそう思わない　3. どちらともいえない 4. まあそう思う　5. とてもそう思う
	i2.	私は仕事でさまざまなことを経験する機会がありました。(R) 1. まったくそう思わない　2. あまりそう思わない　3. どちらともいえない 4. まあそう思う　5. とてもそう思う
j. 仕事の充実感	j1.	私の仕事はほとんど役に立たなかったか、つまらなかったです。(R) 1. まったくそう思わない　2. あまりそう思わない　3. どちらともいえない 4. まあそう思う　5. とてもそう思う
	j2.	私がしている仕事は私にとって非常に有意義でした。 1. まったくそう思わない　2. あまりそう思わない　3. どちらともいえない 4. まあそう思う　5. とてもそう思う
k. 能力適性と配属のミスマッチ	k1.	自分の能力適性と仕事内容がマッチしました。 1. まったくそう思わない　2. あまりそう思わない　3. どちらともいえない 4. まあそう思う　5. とてもそう思う
	k2.	自分の能力が発揮できました。 1. まったくそう思わない　2. あまりそう思わない　3. どちらともいえない 4. まあそう思う　5. とてもそう思う

I. ラインマ ネージャ ー	I1.	ラインマネージャーは気に入った部下だけを優遇していました。(R) 1. まったくそう思わない　2. あまりそう思わない　3. どちらともいえない 4. まあそう思う　5. とてもそう思う
	I2.	ラインマネージャーは部下に対して公平でした。 1. まったくそう思わない　2. あまりそう思わない　3. どちらともいえない 4. まあそう思う　5. とてもそう思う

出所：筆者作成

　中国進出外資系元銀行員（離職後6年以内）に対して「離職要因調査」の名目で実施した。データの収集は、2021年5月1日から2021年6月30日に、オンライン質問票により行った。

2. 本調査の分析結果

2.1　対象者の概要

　図表6.2は、本調査における対象者の概要を示している。男性は40.8%（n=78）、女性は59.2%（n=113）、回収率は38.2%であった。銀行カテゴリでは、欧米系の銀行員は46.1%（n=88）、日系銀行の銀行員は53.9%（n=103）であった。年齢では、26〜30歳（38.7%）、31〜35歳（38.2%）の銀行員が多く見られた。勤務年数に関しては、3〜5年の元銀行員（47.6%、n=91）が最も多い一方で、10〜15年の銀行員（4.2%、n=8）は最も少ない結果となった。職務に関して、フロントオフィス、ミドルオフィス、バックオフィスの割合はそれぞれ、42.9%、32.5%、24.6%で、フロントオフィスの方が最も多かった。

図表6.2　本調査におけるアンケート調査　対象者の概要

		n(合計:191)	%
性別			
	男性	78	40.8
	女性	113	59.2
外資系銀行カテゴリー			
	欧米系	88	46.1
	日系	103	53.9
年齢			
	25以下	27	14.1
	26～30	74	38.7
	31～35	73	38.2
	36～40	17	8.9
学歴			
	専門学校	12	6.3
	学士	148	77.5
	修士	31	16.2
配偶者の有無			
	無	88	46.1
	有	103	53.9
子どもの人数			
	なし	121	63.4
	1人	70	36.6
勤務年数			
	3年以下	52	27.2
	3～5年	91	47.6
	5～10年	40	20.9
	10～15年	8	4.2
職務			
	フロントオフィス	82	42.9
	ミドルオフィス	62	32.5
	バックオフィス	47	24.6

出所：筆者作成

2.2 信頼性の確認:I-T相関分析とクロンバックのα係数

信頼性に関しては、予備調査と同様にI-T相関分析とクロンバックのα係数を求め検討を行った。統計ソフトはSPSS ver.26を使用した。I-T相関分析の結果を**図表6.3**に、クロンバックのα係数の結果を**図表6.4**にそれぞれ示す。

I-T相関分析の結果、各項目の相関係数は.90以上という高い値が得られた（**図表6.3**）。また、各尺度全体にα係数を求め、基準値を.70以上（Hair et al., 2010）と設定し検討した。その結果、すべての項目が基準値を上回ったことが確認できた（**図表6.4**）。以上の結果から、本調査において用いた離職要因の尺度信頼性が確認された。

2.3 妥当性の検証:確認的因子分析（Confirmatory Factor Analysis）

予備調査で既述したように、本研究において確固たる因子の想定があるため、探索的因子分析の代わりに、確認的因子分析を行った。

①因子負荷

因子負荷量を求めたところすべての項目は.70以上になる結果を示した（**図表6.5**）。これらの項目はそれぞれ仮定された因子に明確に対応していると判断できる。

②平均分散抽出AVEと合成信頼性CR

本研究では、平均分散抽出AVE統計量を用いて収束的妥当性を検証した。その結果、すべての因子において基準値であるAVE≧.50（Fornell&Larcker, 1981）を満たしている（**図表6.6**）。合成信頼性CRが.70以上

図表6.3　本調査における尺度信頼性の検証① I-T 相関分析

度数：191

変数		項目	Pearson の相関係数	有意確率（両側）
a. 機会	a1.	この銀行と比べ、同じくらい良い勤務先を見つけることは難しかったです。	.934**	0.000
	a2.	この銀行と比べ、より良い勤務先を見つけることは難しかったです。	.942**	0.000
b. 一般教育	b1.	職務遂行に必要となるスキルと知識を他社で適用することは難しかったです。(R)	.968**	0.000
	b2.	業務遂行に必要となるスキルと知識のほとんどはこの銀行でしか適用できませんでした。(R)	.968**	0.000
c. 自主権	c1.	重要な作業に集中し、必要のない作業に時間を取られないように、通常の作業方法を自分で変更する権利がありました。	.957**	0.000
	c2.	目標設定の場合、自分がある程度コントロールできる権利がありました。	.954**	0.000
d. 配合の正当性	d1.	評価される従業員は会社への貢献度が最も高い従業員でした。有能な従業員が銀行から奨励されました。	.961**	0.000
	d2.	規則や規定は、すべての従業員に平等に適用されていました。	.964**	0.000
e. 手続きの正当性	e1.	ラインマネージャーは、その規則や規定を全員に真剣に	.978**	0.000
	e2.	適用する努力をほとんどしていなかったです。(R)	.979**	0.000
f. 仕事のストレス	f1.	仕事の量が多すぎました。(R)	.961**	0.000
	f2.	私は仕事をスピードアップしなければなりませんでした。(R)	.957**	0.000
g. 賃金水準	g1.	他の外資系銀行と比べ、私の給与は低くなかったです。	.920**	0.000
	g2.	私は自分の給与に非常に不満を持っていました。(R)	.951**	0.000
h. プロモーションチャンス	h1.	私の昇進の可能性は高かったです。	.953**	0.000
	h2.	私が管理職になれる可能性は高かったです。	.943**	0.000
i. 仕事のルーチン化	i1.	私の仕事には多様性がありました。(R)	.962**	0.000
	i2.	私は仕事でさまざまなことを経験する機会がありました。(R)	.960**	0.000
j. 仕事の充実感	j1.	私の仕事はほとんど役に立たなかったか、つまらなかったです。(R)	.944**	0.000
	j2.	私がしている仕事は私にとって非常に有意義でした。	.947**	0.000
k. 能力適性と配属のミスマッチ	k1.	自分の能力適性と仕事内容がマッチしました。	.979**	0.000
	k2.	自分の能力が発揮できました。	.980**	0.000
l. ラインマネージャー	l1.	ラインマネージャーが気に入りの部下だけを優遇していました。	.976**	0.000
	l2.	ラインマネージャーは部下に対して公平でした。	.975**	0.000

＊＊：相関係数は 1% 水準で有意（両側）となる。/ 出所：筆者作成

図表6.4　本調査における尺度信頼性の検証②クロンバックのα係数

度数：191

変数		項目	Cronbach のアルファ
a. 機会	a1.	この銀行と比べ、同じくらい良い勤務先を見つけることは難しかったです。	0.862
	a2.	この銀行と比べ、より良い勤務先を見つけることは難しかったです。	
b. 一般教育	b1.	職務遂行に必要となるスキルと知識を他社で適用することは難しかったです。(R)	0.933
	b2.	業務遂行に必要となるスキルと知識のほとんどはこの銀行でしか適用できませんでした。(R)	
c. 自主権	c1.	重要な作業に集中し、必要のない作業に時間を取られないように、通常の作業方法を自分で変更する権利がありました。	0.905
	c2.	目標設定の場合、自分がある程度コントロールできる権利がありました。	
d. 配合の正当性	d1.	評価される従業員は会社への貢献度が最も高い従業員でした。有能な従業員が銀行から奨励されました。	0.921
	d2.	規則や規定は、すべての従業員に平等に適用されていました。	
e. 手続きの正当性	e1.	ラインマネージャーは、その規則や規定を全員に真剣に適用する努力をほとんどしていなかったです。(R)	0.955
	e2.		
f. 仕事のストレス	f1.	仕事の量が多すぎました。(R)	0.912
	f2.	私は仕事をスピードアップしなければなりませんでした。(R)	
g. 賃金水準	g1.	他の外資系銀行と比べ、私の給与は低くなかったです。	0.847
	g2.	私は自分の給与に非常に不満を持っていました。(R)	
h. プロモーションチャンス	h1.	私の昇進の可能性は高かったです。	0.885
	h2.	私が管理職になれる可能性は高かったです。	
i. 仕事のルーチン化	i1.	私の仕事には多様性がありました。(R)	0.917
	i2.	私は仕事でさまざまなことを経験する機会がありました。(R)	
j. 仕事の充実感	j1.	私の仕事はほとんど役に立たなかったか、つまらなかったです。(R)	0.881
	j2.	私がしている仕事は私にとって非常に有意義でした。	
k. 能力適性と配属のミスマッチ	k1.	自分の能力適性と仕事内容がマッチしました。	0.958
	k2.	自分の能力が発揮できました。	
l. ラインマネージャー	l1.	ラインマネージャーが気に入りの部下だけを優遇していました。	0.948
	l2.	ラインマネージャーは部下に対して公平でした。	

出所：筆者作成

図表 6.5　本調査における確認的因子分析　因子負荷量（独立変数）

変数		項目	標準化推定値 (Standardized Estimate)
a. 機会	a1.	この銀行と比べ、同じくらい良い勤務先を見つけることは難しかったです。	0.760
	a2.	この銀行と比べ、より良い勤務先を見つけることは難しかったです。	1.000
b. 一般教育	b1.	職務遂行に必要となるスキルと知識を他社で適用することは難しかったです。(R)	0.875
	b2.	業務遂行に必要となるスキルと知識のほとんどはこの銀行でしか適用できませんでした。(R)	1.000
c. 自主権	c1.	重要な作業に集中し、必要のない作業に時間を取られないように、通常の作業方法を自分で変更する権利がありました。	0.920
	c2.	目標設定の場合、自分がある程度コントロールできる権利がありました。	0.899
d. 配合の正当性	d1.	評価される従業員は会社への貢献度が最も高い従業員でした。有能な従業員が銀行から奨励されました。	0.978
	d2.	規則や規定は、すべての従業員に平等に適用されていました。	0.874
e. 手続きの正当性	e1.	ラインマネージャーは、その規則や規定を全員に真剣に適用する努力をほとんどしていなかったです。(R)	0.955
	e2.		0.957
f. 仕事のストレス	f1.	仕事の量が多すぎました。(R)	0.839
	f2.	私は仕事をスピードアップしなければなりませんでした。(R)	1.000
g. 賃金水準	g1.	他の外資系銀行と比べ、私の給与は低くなかったです。	0.754
	g2.	私は自分の給与に非常に不満を持っていました。(R)	1.000
h. プロモーションチャンス	h1.	私の昇進の可能性は高かったです。	0.796
	h2.	私が管理職になれる可能性は高かったです。	1.000
i. 仕事のルーチン化	i1.	私の仕事には多様性がありました。(R)	0.866
	i2.	私は仕事でさまざまなことを経験する機会がありました。(R)	0.978
j. 仕事の充実感	j1.	私の仕事はほとんど役に立たなかったか、つまらなかったです。(R)	0.980
	j2.	私がしている仕事は私にとって非常に有意義でした。	0.804
k. 能力適性と配属のミスマッチ	k1.	自分の能力適性と仕事内容がマッチしました。	1.000
	k2.	自分の能力が発揮できました。	0.919
l. ラインマネージャー	l1.	ラインマネージャーが気に入りの部下だけを優遇していました。	0.975
	l2.	ラインマネージャーは部下に対して公平でした。	0.925

出所：筆者作成

図表6.6　本調査における確認的因子分析　AVE CR（独立変数）

因子	平均分散抽出 AVE (Average Variance Extracted)	合成信頼性 CR (Composite Reliability)
a. 機会	0.803	0.888
b. 一般教育	0.882	0.937
c. 自主権	0.827	0.905
d. 配合の正当性	0.856	0.922
e. 手続きの正当性	0.914	0.955
f. 仕事のストレス	0.845	0.915
g. 賃金水準	0.833	0.904
h. プロモーションチャンス	0.800	0.889
i. 仕事のルーチン化	0.852	0.920
j. 仕事の充実感	0.799	0.888
k. 能力適性と配属のミスマッチ	0.921	0.959
l. ラインマネージャー	0.904	0.949

AVE（Average Variance Extracted）＝平均分散抽出、CR（Composite Reliability）＝合成信頼性
出所：筆者作成

（Bagozzi & Yi, 1988）であることを基準に検討したところ，結果のいずれも基準を満たしている（**図表6.6**）ため、収束的妥当性と合成信頼性が確認された。

③因子間のPearson相関およびAVEの平方根

弁別的妥当性に関して、因子間のPearson相関係数とAVEの平方根の比較により検証を行った。AVEの平方根が高いことを基準とした（Hair他, 2010）。その結果、すべての項目のAVEの平方根が各因子のPearson相関係数を上回ることから弁別的妥当性が確認できた（**図表6.7**）。

④モデル適合度検定

予備調査と同様に、モデル適合度指標としてカイ2乗値（乖離度）、RMSEA（Root Mean Square Error of Approximation：平均二乗誤差平

図表 6.7　本調査における確認的因子分析 Pearson 相関および AVE の平方根（独立変数）

	a.機会	b.一般教育	c.自主権	d.配合の正当性	e.手続きの正当性	f.仕事のストレス	g.賃金水準	h.プロモーションチャンス	i.仕事のルーチン化	j.仕事の充実感	k.能力適性と配属のミスマッチ	l.ラインマネージャー
a.機会	0.896											
b.一般教育	-0.028	0.939										
c.自主権	0.086	0.273	0.910									
d.配合の正当性	-0.011	0.069	-0.242	0.925								
e.手続きの正当性	-0.027	0.148	0.103	0.093	0.956							
f.仕事のストレス	0.152	0.032	-0.046	-0.103	-0.127	0.919						
g.賃金水準	0.007	0.065	0.294	0.217	0.088	0.035	0.913					
h.プロモーションチャンス	0.116	-0.153	0.006	-0.113	0.018	0.055	-0.096	0.895				
i.仕事のルーチン化	-0.018	0.089	0.218	-0.138	0.205	-0.242	-0.002	0.018	0.923			
j.仕事の充実感	0.045	0.057	0.287	-0.017	0.423	-0.179	0.074	0.111	0.169	0.894		
k.能力適性と配属のミスマッチ	0.041	0.098	0.125	-0.121	-0.122	-0.104	0.065	0.037	0.157	0.059	0.960	
l.ラインマネージャー	-0.061	0.159	0.238	-0.091	0.268	-0.271	-0.025	-0.001	0.494	0.239	0.088	0.951

相関係数を対角線から左下半分に表示した。対角線には各因子の AVE の平方根を表示した。
出所：筆者作成

図表 6.8　本調査における確認的因子分析　モデル適合度検定

適合度指標							
	χ^2	df	p	χ^2/df	RMSEA	CFI	NNFI	TLI
基準値			>.05	<3	<0.08	≥.90	≥.90	≥.90
値	201.04	186	0.214	1.081	0.021	0.995	0.993	0.993

RMSEA（Root Mean Square Error of Approximation）= 平均二乗誤差平方根、CFI（Comparative Fit Index）= 比較適合指標、NFI（Normed Fit Index）= 標準化適合指標、NNFI（Non-Normed Fit Index）= 非標準化適合指標、TLI（Tucker-Lewis Index）= Tucker-Lewis 指標
出所：筆者作成

方根）、CFI（Comparative fit index：比較適合指標）、NNFI（Non-Normed Fit Index：非標準化適合指標）、TLI（Tucker-Lewis指標）を求めた。それぞれの基準値を χ^2/df<3（Carmines & Mclver, 1981）、RMSEA≤.08（Browne and Cudeck, 1993）、CFI≥.90、NNFI≥.90、TLI≥.90（Hu & Bentler, 1999）に設定し、検討したところ、基準値を満たしている結果を示し、因子構造のデータへの適合が確認できた（**図表6.8**）。

以上の諸結果から、18項目から構成される尺度は信頼性と妥当性を有していると考えられる。

2.4　記述統計

本研究では、中国進出外資系銀行の元従業員が離職した原因を把握するため、各項目の得点の平均値を含む基本統計量と否定率（逆転項目（R）の場合は肯定率）を算出した。否定率とは選択肢のうち否定的な回答、すなわち「まったくそう思わない」、「あまりそう思わない」を選択した者の割合である。なお、逆転項目（R）については、「まあそう思う」と「とてもそう思う」を選択した者の割合である。

図表 6.9　基本統計量

度数：191

変数		項目	平均値	標準偏差	否定率 / 肯定率 (R)	
a. 機会	a1.	この銀行と比べ、同じくらい良い勤務先を見つけることは難しかったです。	.2.01	0.688	79.1	
	a2.	この銀行と比べ、より良い勤務先を見つけることは難しかったです。	2.43	0.736	60.7	
b. 一般教育	b1.	職務遂行に必要となるスキルと知識を他社で適用することは難しかったです。(R)	3.18	0.659	13.6	(R)
	b2.	業務遂行に必要となるスキルと知識のほとんどはこの銀行でしか適用できませんでした。(R)	3.23	0.656	12.0	(R)
c. 自主権	c1.	重要な作業に集中し、必要のない作業に時間を取られないように、通常の作業方法を自分で変更する権利がありました。	2.90	0.843	33.5	
	c2.	目標設定の場合、自分がある程度コントロールできる権利がありました。	2.79	0.815	41.4	
d. 配合の正当性	d1.	評価される従業員は会社への貢献度が最も高い従業員でした。	2.61	0.766	46.1	
	d2.	有能な従業員が銀行から奨励されました。	2.43	0.797	54.5	
e. 手続きの正当性	e1.	規則や規定は、すべての従業員に平等に適用されていました。	2.47	0.773	51.3	
	e2.	ラインマネージャーは、その規則や規定を全員に真剣に適用する努力をほとんどしていなかったです。(R)	2.40	0.795	57.1	(R)
f. 仕事のストレス	f1.	仕事の量が多すぎました。(R)	2.17	0.850	67.5	(R)
	f2.	私は仕事をスピードアップしなければなりませんでした。(R)	2.13	0.811	68.6	(R)
g. 賃金水準	g1.	他の外資系銀行と比べ、私の給与は低くなかったです。	2.10	0.661	75.9	
	g2.	私は自分の給与に非常に不満を持っていました。(R)	2.48	0.833	57.1	
h. プロモーションチャンス	h1.	私の昇進の可能性は高かったです。	2.03	0.652	84.8	
	h2.	私が管理職になれる可能性は高かったです。	1.86	0.595	88.5	
i. 仕事のルーチン化	i1.	私の仕事には多様性がありました。(R)	2.63	0.712	40.8	
	i2.	私は仕事でさまざまなことを経験する機会がありました。(R)	2.62	0.700	42.4	

j. 仕事の 充実感	j1.	私の仕事はほとんど役に立たなかったか、つまらなかったです。(R)	2.74	0.736	38.7	(R)
	j2.	私がしている仕事は私にとって非常に有意義でした。	2.81	0.758	34.6	
k. 能力適 性と配属 のミスマ ッチ	k1.	自分の能力適性と仕事内容がマッチしました。	2.85	0.749	30.4	(R)
	k2.	自分の能力が発揮できました。	2.76	0.757	34.0	
l. ライン マネージ ャー	l1.	ラインマネージャーが気に入りの部下だけを優遇していました。	2.35	0.805	57.1	(R)
	l2.	ラインマネージャーは部下に対して公平でした。	2.31	0.792	58.6	

出所：筆者作成

　図表6.9に示すように、最も低い平均値を示したのは「プロモーションチャンス」を測定する項目h2.「私は管理職になれる可能性が高かったです。」であり、1.86であった。2番目は項目「機会」を測定する項目a1.「この銀行と比べ、同じくらい良い勤務先を見つけることは難しかったです。」であり、2.01であった。「プロモーションチャンス」における項目h1.「私の昇進の可能性が高かったです。」(2.03)は3番目に平均値の低い項目となり、「賃金水準」における項目g1.「他の外資系銀行と比べ、私の給与は低くなかったです。」(2.10)、「仕事のストレス」における項目f2.「私は仕事をスピードアップしなければなりませんでした。」(2.13)、項目f1.「仕事の量が多すぎました。」(2.17)、「ラインマネージャー」における項目l2.「ラインマネージャーが部下に対して公平でした。」(2.31)、項目l1.「ラインマネージャーが気に入りの部下だけを優遇していました。」(2.35)が続いた。

　一方、最も高い平均値を示したのは「一般教育」を測定する項目b2.「職務遂行に必要となるスキルと知識のほとんどはこの銀行でしか適用できませんでした。」(3.23)と項目b1.「職務遂行に必要となるスキルと知識を他

図表6.10　男女の差異量

因子	男	女	t値	有意確率 (両側)
a. 機会	2.08±0.65	2.32±0.67	-2.423	0.016
b. 一般教育	3.22±0.70	3.20±0.60	0.200	0.841
c. 自主権	2.96±0.79	2.77±0.79	1.633	0.104
d. 配合の正当性	2.36±0.74	2.63±0.75	-2.463	0.015
e. 手続きの正当性	2.39±0.71	2.47±0.81	-0.690	0.491
f. 仕事のストレス	2.15±0.82	2.15±0.78	0.067	0.947
g. 賃金水準	2.33±0.78	2.27±0.64	0.595	0.552
h. プロモーションチャンス	1.94±0.61	1.94±0.58	-0.002	0.998
i. 仕事のルーチン化	2.75±0.72	2.54±0.63	2.123	0.035
j. 仕事の充実感	2.76±0.67	2.78±0.73	-0.195	0.845
k. 能力適性と配属のミスマッチ	2.89±0.70	2.75±0.76	1.262	0.208
l. ラインマネージャー	2.45±0.74	2.25±0.80	1.762	0.080

出所：筆者作成

社で適用することは難しかったです。」(3.18) であった。

　最も高い否定率を示したのは「プロモーションチャンス」を測定する項目h1.と項目h2.であり、それぞれ88.5％と84.8％であった。「機会」を測定する項目a1.が3番目となり、79.1％であった。「賃金水準」における項目g1.(75.9％)、「仕事のストレス」における項目f2.(68.6％)、項目f1.(67.5％)、「機会」における項目a2.(60.7%)、「ラインマネージャー」におけるl2.(58.6%)、項目l1.(57.1%)、「賃金水準」における項目g2.(57.1%)、「手続きの正当性」における項目e2.(57.1%)、「配合の正当性」におけるd2.(54.5%) が続いた。一方、最も低い否定率を示したのは平均値と同様に「一般教育」を測定する項目b1.と項目b2.であり、それぞれ、13.6％と12.0％であった。

図表 6.11　勤務年数グループ間の差異

因子	3年以下	3〜5年	5〜10年	10〜15年	F値	有意確率
a. 機会	2.11±0.69	2.17±0.62	2.46±0.67	2.38±0.79	2.64	0.051
b. 一般教育	3.19±0.61	3.19±0.62	3.28±0.66	3.19±0.92	0.192	0.902
c. 自主権	2.73±0.81	2.87±0.74	2.85±0.87	3.25±0.76	1.084	0.357
d. 配合の正当性	2.67±0.77	2.52±0.72	2.41±0.78	2.06±0.68	2.005	0.115
e. 手続きの正当性	2.46±0.83	2.44±0.74	2.44±0.78	2.25±0.71	0.174	0.914
f. 仕事のストレス	2.18±0.91	2.04±0.75	2.28±0.92	2.56±0.50	1.686	0.171
g. 賃金水準	2.26±0.76	2.29±0.72	2.31±0.65	2.38±0.44	0.085	0.968
h. プロモーションチャンス	1.88±0.51	1.88±0.56	2.19±0.73	1.88±0.35	2.992	0.032
i. 仕事のルーチン化	2.63±0.63	2.69±0.68	2.45±0.71	2.81±0.84	1.349	0.260
j. 仕事の充実感	2.75±0.56	2.75±0.72	2.90±0.83	2.63±0.74	0.602	0.614
k. 能力適性と配属のミスマッチ	2.29±0.78	3.03±0.58	2.98±0.72	2.69±0.53	14.830	0.000
l. ラインマネージャー	2.33±0.80	2.45±0.80	2.05±0.71	2.44±0.50	2.495	0.061

出所：筆者作成

2.5　人口統計学的変数の差異

①性差の検討

　離職要因における男女の差異を検討するため、性を独立変数、各因子の得点を従属変数にし、t検定を行った。**図表6.10**が平均値±標準偏差、t検定の結果を示している。「機会」において、男子の得点が女子の得点より有意に低かった（t=-2.423, p=.016）。「配合の正当性」においても男子の得点が女子の得点より有意に低かった（t=-2.463, p=.015）。「仕事のルーチン化」において、女子の得点がより有意に低かった（t=2.123, p=.035）。他の因子において、男女平均点の差に有意差は見られなかった。

②勤務年数グループ間の差異

　勤務年数グループ間の差異を検討するため、各因子の得点を従属変数に

図表 6.12　職務グループ間の差異

因子	フロントオフィス	ミドルオフィス	バックオフィス	F値	有意確率
a. 機会	2.19±0.60	2.20±0.67	2.31±0.78	0.52	0.595
b. 一般教育	3.27±0.56	3.22±0.67	3.09±0.71	1.252	0.288
c. 自主権	3.17±0.62	2.62±0.84	2.57±0.81	13.447	0.000
d. 配合の正当性	2.35±0.75	2.73±0.76	2.53±0.70	4.482	0.013
e. 手続きの正当性	2.70±0.66	2.27±0.84	2.21±0.73	8.871	0.000
f. 仕事のストレス	1.84±0.68	2.38±0.83	2.39±0.77	12.516	0.000
g. 賃金水準	2.31±0.84	2.29±0.56	2.26±0.61	0.094	0.911
h. プロモーションチャンス	1.92±0.53	1.90±0.54	2.05±0.75	1.116	0.330
i. 仕事のルーチン化	3.10±0.54	2.40±0.44	2.09±0.60	64.303	0.000
j. 仕事の充実感	3.02±0.68	2.61±0.61	2.55±0.75	9.908	0.000
k. 能力適性と配属のミスマッチ	2.92±0.69	2.76±0.72	2.66±0.82	2.071	0.129
l. ラインマネージャー	3.03±0.49	1.83±0.50	1.77±0.46	148.998	0.000

出所：筆者作成

し、勤務年数ごとに平均値を算出し、一元分散分析を行った。その結果は**図表6.11**に示すように、「プロモーションチャンス」において、5 〜 10年のほうがほかより平均値が有意に高かった。「能力適性と配属のミスマッチ」において3年以下の方がほかより平均値が有意に低かった。

③職務グループ間の差異

　職務グループ間の差異を検討するため、各因子の得点を従属変数にし、職務グループごとに平均値を算出し、一元分散分析を行った。**図表6.12**に示すように、「自主権」、「手続きの正当性」、「仕事のルーチン化」、「仕事の充実感」、「ラインマネージャー」はフロントオフィスのほうが他より有意に高く、バックオフィスのほうが最も有意に低い結果を示した（順に、F=13.447, p=0.000；F=8.871, p=0.000； F=64.303, p=0.000；F=9.908, p=0.000；F=148.998, p=0.000)。「配合の正当性」と「仕事のストレス」においては、フロントオフィスのほうが最も有意に低く、それぞれF=4.482, p=0.013；F=12.516, p=0.000であった。

3. 調査結果の考察と仮説の検証

　前節まで、予備調査で修正した質問紙を用いて本格的な調査を行い、調査結果を統計手法で分析した。本節では本調査で得られた統計結果に基づき、考察と仮説の検証を進めていく。

3.1　調査結果の考察

　本研究の目的は中国進出外資系の元銀行員の離職要因を探究することである。調査対象者は日系のMUFG（中国）、SMBC（中国）、みずほ（中国）および欧米系のHSBC（中国）、ハンセン（中国）、ANZ（中国）、Citi（中国）といった7行の元銀行員である。調査対象者の内訳は男性78名、女性113名、計191名であった。年齢では26～35歳の銀行員が多く見られた。勤務年数に関しては、3～5年の離職が最も多い一方で、10～15年の離職は最も少なかった。本調査で使用したアンケート調査票が、予備調査で洗練した24項目で構成される。各項目に5段階の回答からなるリッカート・スケール尺度を採用した。

　本調査から得られた結果は、中国進出外資系銀行における離職防止のための対策を講じることについて以下の研究視点を投げかけている。

　本研究では、中国進出外資系銀行の元現行員の離職要因を探るために、第1部で取り上げたUlrichのビジネスパートナーモデル、各離職モデル、

モチベーション理論、Hackman & Oldhamの職務特性モデル、ラインマネージャーに関する理論、銀行業における人材確保関連の先行研究、第2部で考察した中国における銀行業の概況、中国進出外資系銀行の概況と人材流出の現況、外資系銀行を含む外資系企業人材流出の要因などの先行研究を踏まえて、「機会」、「一般教育」、「自主権」、「配合の正当性」、「手続きの正当性」、「仕事のストレス」、「賃金水準」、「プロモーションチャンス」、「仕事のルーチン化」、「仕事の充実感」、「能力適性と配属のミスマッチ」、「ラインマネージャー」といった12の離職要因尺度をまとめ、既存の尺度項目を用いて質問項目を作成した。次に、予備調査で因子構造の検討を行い、尺度項目を24項目に洗練した。残った項目で構成される尺度について本調査で再び信頼性と妥当性の検討を行った。これらの結果により、本研究で洗練された24項目は、中国進出外資系銀行の元銀行員の離職要因をある程度まで正確に測定することができたと考えられる。

　項目ごとの検討から、次のような特徴が究明された。

　まず最も高い割合で否定が見られた項目では、「私は管理職になれる可能性が高かったです。」（項目h2.）と「私の昇進の可能性が高かったです。」（項目h1.）で、そう思わない回答者がそれぞれ88.5％と84.8％存在することが明らかになった。また、これらの2つは、平均値が最も低い2つでもあった。したがって、この2つの項目が測定する「プロモーションチャンス」という理由による離職の割合が最も高いと考えられる。一方、他の要因に比べ、「一般教育」における「職務遂行に必要となるスキルと知識のほとんどはこの銀行でしか適用できませんでした。」（項目b2.）と「職務遂行に必要となるスキルと知識を他社で適用することは難しかったです。」（項目b1.）

と思う回答者ははるかに少なく、それぞれ13.6%と12.0%であったため、「一般教育」という理由による離職の割合が最も小さいと考えられる。

3番目に否定率の高い項目は「機会」における項目a1.（79.1％）であるが、同要因における項目a2.の否定率が60.7％であった。すなわち、アンケート回答者の約80％が「同じくらい良い勤務先を見つけることは簡単だ」（項目a1.）と考えているのに対し、「より良い仕事を見つけるのは簡単だ」（項目a2.）と考えているのは60％にとどまった。同じように、「賃金水準」において、項目g1.の否定率が75.9％と4番目に高かったが、同要因における項目g2.の否定率が57.1％で、項目g1.と比べて20％の差があった。言い換えると、「賃金水準」に対して75％以上の回答者が「他の外資系銀行と比べ、私の給与は低かったです。」と思っているが、これに対して不満を持っている回答者は60％程度にとどまる。一方、「仕事のストレス」において、70％近くの回答者が「私は仕事をスピードアップしなければなりませんでした。」（項目f2.）と「仕事の量が多すぎました。」（項目f1.）、と思っていることが明らかになった。項目f2.と項目f1.（逆転項目）の肯定率がそれぞれ68.6％と67.5％で、前述した項目a2.（60.7％）と項目g2.（57.1％）よりかなり高かった。それに加えて、平均値から見ると、項目f2.と項目f1.がそれぞれ2.13と2.17であり、項目a2.（2.43）と項目g2.（2.48）よりも低かった。

したがって、総合的に判断すると「仕事のストレス」は中国進出外資系銀行の元銀行員が離職に至る2番目の主な理由で、「機会」と「賃金水準」がそれぞれ、3番目と4番目の要因であると考えられる。

次に、「ラインマネージャー」における項目l2.の否定率が58.6％であり、項目l1.（逆転項目）の肯定率が57.1％であった。つまり、60％近くの回答

者が「ラインマネージャーが部下に対して公平でした。」(項目l2.) と思わなかったが、「ラインマネージャーが気に入りの部下だけを優遇していました。」(項目l1.) と思っていることが明らかになった。平均値の結果と合わせて見ると、項目l2.と項目l1.の平均値がそれぞれ2.31と2.35であり、項目a2.（2.43）と項目g2.（2.48）よりも低かったため、「ラインマネージャー」が元銀行員の離職をもたらす要因の一つであると考えられる。

　これらの結果から、元銀行員は離職する際に、「プロモーションチャンス」、「仕事のストレス」、「賃金水準」、「ラインマネージャー」といった要因のうち、1つまたはいくつかに対して強い不満があり、そして外部市場での良い転職機会が存在すると認識し、退職を決意したことが推測できる。

　上記の検討結果から得た「機会」、「仕事のストレス」、「賃金水準」、「プロモーションチャンス」、「ラインマネージャー」といった主な離職要因を人口統計学的変数の差異と合わせて検討したところ、以下の研究知見が得られた。

　まず、「機会」において、男子の得点が女子の得点より有意に低かった。この結果が、中国における銀行業の労働市場では、男性のほうが転職しやすい傾向にあることを示唆している。「賃金水準」においては、男女、勤務年数、職務グループ間の平均値に有意差は見られなかった。すなわち、「賃金水準」において、男女、勤務年数、職務における各群に有意差があるとはいえない。

　次に、「仕事のストレス」において、フロントオフィスの平均値が、ミドルオフィスとバックオフィスの平均値より有意に低かった。この結果は、最もストレスに不満を持つのはフロントオフィスで、フロントオフィスが

ミドルオフィスとバックオフィスよりもストレスで離職する可能性が高い
と示唆している。

「プロモーションチャンス」において、勤務年数が5〜10年の平均値は他
より有意に高かった。つまり、勤務年数が5〜10年の元銀行員が他より
昇進機会への不満の程度が低かったということになる。この結果から、勤
務年数が5〜10年の銀行員が他のグループより昇進されやすい傾向にあ
ることが推測できる。さらに、この結果は中国進出外資系銀行においては
勤務年数が昇進の基準として採用されていないことを明らかにした。また、
平均値を比較したところ、勤務年数3年以下、3〜5年、10〜15年の元銀
行員が「プロモーションチャンス」に対して同じ程度の不満を抱えている
結果を示した。第1部第3章で取り上げたように、潘（2012）は中前期の銀
行員を入行10〜15年の銀行員と定義し、この時期がキャリアの成長期で、
中前期の銀行員が管理職への昇進機会を求めていると強調している。今回
の調査結果が潘の主張を支持している一方で、勤続5年以下の銀行員も昇
進意欲が高いことを示唆している。

「ラインマネージャー」においては、フロントオフィスの得点がミドルオ
フィスとバックオフィスの得点より有意に高かった。具体的な平均値を見
ると、ミドルオフィスとバックオフィスがそれぞれ1.83と1.77であり、フ
ロントオフィス（3.03）と比べて、はるかに低かったことが明らかになって
いる。この結果から、ミドルオフィスとバックオフィスに就く銀行員はフ
ロントオフィスよりもラインマネージャーに対する不満の程度がかなり高
く、ラインマネージャーが原因で離職する可能性が高いと示唆している。

　一方、上記の5つの離職主要因以外は、統計分析の結果から以下の示

唆が得られた。まず、「能力適性と配属のミスマッチ」において、勤務年数が3年未満の銀行員の得点が最も有意に低かったことは、3年以下の銀行員の間では人材のミスマッチ問題が起きていることを示唆している。これは思い描いていた仕事内容、職場雰囲気や環境と違ったからだと考えられる。また、「自主権」と「仕事のルーチン化」において、フロントオフィスの得点が最も有意に高く、バックオフィスのほうが最も低かったことがフロントオフィス、ミドルオフィスとの職務特性の差異を示している。つまり、銀行員おいて、フロントオフィスは自主権と仕事の多様性が最も高い職種で、バックオフィスは最も低い職種であるといえよう。

3.2　仮説の検証

本研究で設定した仮説は以下の通りである。

仮説1：中国進出外資系銀行における主な離職の要因はジョブデザイン、プロモーションチャンス、ラインマネージャーである。

調査結果がこの仮説を部分的に支持し、部分的に支持しないものとなった。考察で述べたように、中国進出外資系銀行において、「プロモーションチャンス」という理由による離職の割合が最も高く、「仕事のストレス」が2番目に高く、次いで「機会」、「賃金水準」、「ラインマネージャー」の順となっている。

仮説2：フロントオフィス、ミドルオフィスとバックオフィスは職務特性が異なるため、離職に至る要因も異なる。フロントオフィスは業績が重視されているので、離職する主要原因は賃金水準である。ミドルオフィスとバックオフィスが離職する主要原因は仕事の充実感の欠如である。バック

オフィスは同じことを繰り返す仕事が多いため、仕事のルーチン化も離職する重要な原因の一つである。

　調査結果がこの仮説を部分的に支持している。前述したように、中国進出外資系銀行における銀行員の離職要因の順は、「プロモーションチャンス」、「仕事のストレス」、「機会」、「賃金水準」、「ラインマネージャー」である。これらの要因について、職務間の差異を一元分散分析にかけた結果、「プロモーションチャンス」、「機会」、「賃金水準」において、フロントオフィス、ミドルオフィスとバックオフィスの平均値に統計的に有意差が見られなかった。つまりこれらの要因において、職務間の差があるとはいえない。一方、「仕事のストレス」において、職務グループ間に有意差が見られ、フロントオフィスがミドルオフィスとバックオフィスよりもストレスで離職する可能性が高いと考えられる。「ラインマネージャー」においては、ミドルオフィスとバックオフィスの得点がフロントオフィスより有意に高かった結果から、ミドルオフィスとバックオフィスに就く銀行員はフロントオフィスよりもラインマネージャーで離職する可能性が高いことが推測できる。

終　章

総括と提言

終章では、まず、第1部の先行研究のレビューから得られた知見を総括し、第2部の実証研究の概要をまとめている。次に、結果から得られた中国進出外資系銀行における離職要因とその含意を明らかにするとともに、これらの要因に応じた提言を行っている。最後に、今後、人材確保においてさらに取り組むべき課題を明らかにしている。

1. 人材確保における課題

離職の要因を究明する研究は蓄積されている。March & Simon離職モデル概念に基づき、Price離職モデル、Mobley離職モデル、Steers離職モデル、Lee離職モデルが続々と提出されてきた。しかしながら、これらの実証研究の結果から得られた従業員の離職要因に対して、その含意と対応策を人的資源管理理論の視点から明らかにする検討が欠如している。

一方、人材確保に寄与する人的資源管理施策に関する研究も数多くなされているが、業界や企業を問わないことを議論する余地があると考えられる。業界や企業ごとに人材の適性や求められる能力は異なるため、離職防止対策を構築する際に、上記の離職要因研究の結果を研究対象業界や企業の離職要因として活かすことはできないと考えられる。人材確保を効果的なものにするために、まず調査対象業界、企業、職種の特徴を調べたうえで、調査対象者に向けての離職分析的モデルを構築し、統計的手法で従業員の離職要因を究明する。次に人的資源管理理論を有効活用して、実証研究から得られた結果に対する分析と提言を行うべきだと考えられる。

2. 人材確保のための人的資源管理施策

　実践の場では、企業が最も引き留めたい従業員はローパフォーマーではなく、ハイパフォーマーである。したがって、人材確保の目的は、従業員を引き留めるに限らず、定着する従業員のパフォーマンスを向上させることも重要である。心理学分野で発展されたモチベーション理論は、従業員のパフォーマンスを向上させるとともに、従業員の欲求を満たすことによって、離職志向を抑えることができるため、常に人的資源管理の主要理論として挙げられる。

　モチベーションに関する諸研究によると、モチベーションの向上に寄与する人的資源管理施策は、「パフォーマンス評価制度」、「報酬制度」、「公平」、「ジョブデザイン」、「昇進機会」の5つがある。それ加えて、「ラインマネージャー」は人事部門に割り振られた人事管理上のタスクを遂行する役割を担っており、モチベーションの向上に影響を与える要素の一つとなっている。

　銀行業における人材確保に関する研究によれば、人材のミスマッチ問題への取り組みは、学んだ知識とスキルの発揮に寄与し、有用な人材を惹きつけることができるという。また、銀行においては「フロントオフィス」、「ミドルオフィス」、「バックオフィス」という3つの職種の特徴性が異なっているため、職種に応じた人材確保戦略を立案することが重要だと考えられる。

3. 実証研究の概要

研究対象

　今回事例研究した企業は中国進出外資系銀行である。2006年、WTO協定にしたがって、中国の金融市場が外資系銀行に開放された。外資系銀行は中国現地銀行と同様に扱われ、内国民待遇を受けられるようになった。2019年10月末の時点で、55の国・地域の外国銀行が、中国本土において41の現地法人、114の支店、115在員事務所を設置している。外資系銀行の拠点数は976ヵ所に達している[90]。WTO加盟以前の2001年9月末の時点と比べ、拠点数は786増加している。

問題意識

　外資系銀行は急速な勢いで展開を進めているとはいえ、長期的に人材流出問題に直面している。また、外資系銀行での人材流出が銀行のパフォーマンスにマイナスの影響を与えることを示していると考えられる。本研究では、中国において経済活動の中心地である上海における外資系銀行の対前年総資産額成長率を取り上げ、人材流出のピークと一緒に検討したところ、離職率の高騰（2011 〜 12年）、従業員数が現地銀行への流出（201 〜 ~14年）、離職率の上昇（2017 〜 18年）の年代には外資系銀行総資産額成長率も大幅に下落したことが明らかになった。

本研究構想の中国進出外資系銀行向けの離職機能分析的モデル

　本研究が構築した中国進出外資系銀行向け離職機能分析的モデルはKearney & Silverman（1993）の児童不登校研究と、前述したPrice-Mueller離職モデルを踏まえたものである。

元のPrice-Muellerモデルに対する主な修正点は、「親族への責任」、「職務関与」、「ポジティブ情動とネガティブ情動」、「ソーシャルサポート」という4つの要因が「仕事の充実感」、「能力適性と配属のミスマッチ」、「ラインマネージャー」に入れ替えられたことである。

　また、本研究は心理学分野における児童の不登校行動を維持する要因の特定に関する先行研究（Kearney & Silverman（1993）；King & Bernstein（2001））を参考にし、コホート研究の代わりに、すでに離職した元銀行員を調査対象としたケース・コントロールという後ろ向き研究を行うことにした。

調査の実施と研究方法

　インタビュー調査と予備調査の結果を受け、本研究は中国進出日欧米系銀行の7行（日系のMUFG（中国）、SMBC（中国）、みずほ（中国）および欧米系のHSBC（中国）、ハンセン（中国）、ANZ（中国）、Citi（中国））の元銀行員、計191名に対し、離職要因について本調査を行った。実施期間は2021年5月1日から2021年6月30日までである。

　本研究はアンケート調査で測定されたデータを統計処理する。具体的には、尺度の妥当性、信頼性を検証した。また、各項目の否定率を算出し、離職要因を究明し、さらに、t検定と一元配置分散分析を行い、各グループの特徴かつ違いの有無を明らかにした。

4. 実証研究の結論と提言

　本項では、序章で提示したリサーチクエスチョンに反応しながら結論を導く。

リサーチクエスチョン1：既存の離職要因尺度が中国進出外資系銀行における銀行員の離職要因を測定することができるのか。

結論1：本研究では、24項目から構成される離職機能（要因）尺度を作成した。本研究はUlrichのビジネスパートナーモデル、各離職モデル、銀行業における人材確保の先行研究、Hackman & Oldhamの職務特性モデル、ラインマネージャーに関する理論などの先行研究を踏まえて、「機会」、「一般教育」、「自主権」、「配合の正当性」、「手続きの正当性」、「仕事のストレス」、「賃金水準」、「プロモーションチャンス」、「仕事のルーチン化」、「仕事の充実感」、「能力適性と配属のミスマッチ」、「ラインマネージャー」といった12の離職機能をまとめた。既存の尺度項目を採用し、予備調査で因子構造の検討を行った結果、尺度項目が24項目に洗練された。本調査で再び信頼性と妥当性の検討を行ったところ、この24項目からなる離職機能尺度の信頼性と妥当性が確認できた。以上の結果から、本研究で作成した離職機能尺度は、中国進出外資系銀行における離職要因をある程度まで正確に測定することができると考えられる。

リサーチクエスチョン2：中国進出外資系銀行における銀行員が離職する要因は何か。

結論2：中国進出外資系銀行の元銀行員が離職する主な要因は5つあることが明らかになった。最も割合の高いのは「プロモーションチャンス」で、次いで「仕事のストレス」、「機会」、「賃金水準」、「ラインマネージャー」の順である。

「プロモーションチャンス」において、勤務年数が5〜10年の銀行員が勤務年数3年以下、3〜5年、10〜15年の銀行員より昇進しやすい傾向にあ

ることが明らかになった。この結果が中国進出外資系銀行においては勤務年数が昇進の基準として採用されていないことを示唆している。また、10〜15年の銀行員に限らず、5年以下の銀行員も昇進機会を求めていることが明らかである。

「プロモーションチャンス」、「機会」、「賃金水準」といった離職要因において、フロントオフィス、ミドルオフィス、バックオフィスの平均値に統計的に有意差が見られなかったが、「仕事のストレス」と「ラインマネージャー」においては職務グループ間に有意差が見られた。フロントオフィスは、ミドルオフィスやバックオフィスよりもストレスで離職する可能性が高く、ミドルオフィスとバックオフィスはフロントオフィスよりもラインマネージャーで離職する可能性が高いことが究明された。

リサーチクエスチョン3：本研究から得られた中国進出外資系銀行における人材確保施策の改善のための一助となる知見と提言は何か。

提言1：昇進できる職場環境の整備

　本研究での元銀行員を対象とした離職調査の結果から、「プロモーションチャンス」が離職の最も主要な原因であることがわかった。第1部第3章で取り上げた先行研究では、入行10〜15年の勤務年数が中前期と定義され、この時期の銀行員がキャリアアップを重視するため、プロモーションチャンスを求めていると提唱している（潘, 2012, p.270）。だが、統計分析の結果で勤務年数5年以下の銀行員もプロモーションチャンスを求めていることが明らかになった。この結果は「元の銀行での昇進見込みが低く、管理層を目指したいのであれば、転職は一番の近道である」、「35歳になったら転職が難しくなるため、若いうちに転職するのは有利である」といっ

たインタビュー調査から得た意見を裏付けている。このような転職による
キャリアアップの考え方が主流になったら、優れた人材を確保することが
さらに難しくなると考えられる。

　したがって、本研究の調査結果から導き出せる結論としては、中国進出
外資系銀行が「転職しなくてもキャリアアップができる」という昇進環境
を整える必要があるということになる。

提言2：ラインマネージャーに対する人的資源管理上のトレーニング

　第1部第3章で究明したように、人事管理上の役割がラインマネージャー
に移譲されつつあり、ラインマネージャーが職務設計、面接、パフォーマ
ンス評価、フィードバックの提供、コーチング、トレーニングなどの領域
で重要な役割を担っており、従業員の士気を向上させる責任を負っている。
さらに、これらの役割を果たすためには、対人的知識とスキルが必要不可
欠である。しかし、一部のラインマネージャーはこのような知識とスキル
を備えているが、多くの人はそうではないとArmstrong & Taylor（2014）
が指摘している。本研究の調査結果がこの指摘を支持している。元銀行員
が上下関係の難しさについて言及し、ラインマネージャーによる不公平な
扱い、気に入っている部下を優遇することに対しての不満を持つ。そして、
離職要因調査の統計結果によれば、「ラインマネージャー」を測定する「ラ
インマネージャーが気に入りの部下だけを優遇していました。」と「ライン
マネージャーが部下に対して公平でした。」や、「手続きの正当性」を測定
する「ラインマネージャーは、その規則や規定を全員に真剣に適用する努
力をほとんどしていなかったです。」といった項目の得点が悪く、「ライン
マネージャー」はミドルオフィスとバックオフィスの元従業員が離職する

主要要因であることが明らかになった。

　また、第1部第3章で取り上げた欲求理論、Hackman & Oldhamの職務特性モデル、パフォーマンス評価理論などの先行研究に「承認欲求」を満たす重要性が指摘されている。今回の離職要因調査結果によると、「配合の正当性」を測定する「有能な人が評価されなかったです。」といった項目の得点が悪かった。これは銀行員の承認欲求が満たされていないことを示唆している。第1部第3章で取り上げたように、ラインマネージャーの役割において、部下を称賛することも重要で、ラインマネージャーからの承認や感謝は、非金銭的側面で、銀行員の内的モチベーションを高め、仕事満足度を向上させることができ、さらにモチベーションの向上と離職防止に繋がる。

　したがって、本研究の結果から、中国進出外資系銀行におけるラインマネージャーに対する人的資源管理上のトレーニング、特にパフォーマンス評価、公平性の確保、部下のモチベーション管理に関するトレーニングが必要であるという結論が導き出せる。

提言3：職務に応じた人的資源管理慣行の再検討

　実証研究の結果から、フロントオフィス、ミドルオフィスとバックオフィスに就く銀行員の離職要因に差異があることが明らかになった。これらの差異はフロントオフィス、ミドルオフィスとバックオフィスの職務特性の違いによって引き起こされたと考えられる。

　本研究の結果から、フロントオフィスは仕事のストレスで離職する可能性が高いことが明らかになった。フロントオフィスが収益を稼ぐ営業部門であるため、業務遂行にあたって、多様なスキルの使用が含まれている。

そのため、フロントオフィスは「自主権」と「仕事の充実感」の高い職務といえるが、ストレスも溜まりやすい職種ともいえる。また、業績を評価する際に、営業ノルマが設定されているため、フロントオフィスはパフォーマンスを反映した賃金、つまり「配合の正当性」と「外的報酬」を重視している。さらに、営業ノルマが設定されるからこそ、フロントオフィスの業績評価がラインマネージャーの主観的な考えに左右されなく、より高い公平性を持っている。

　ミドルオフィスは内部不正チェックと営業部門のサポートなどに該当するため、手順や方法では自主性を発揮できるチャンスが限られている。バックオフィスの業務はほぼ煩雑なものが多く、正確性とともに効率性と忍耐力が求められるため、自らスケジューリングがほぼできない。そのため、バックオフィスが最も自主権の低い職種といえる。今回の調査結果から、自主権においては、バックオフィスの得点が最も低いことが明らかになったことがこれを裏付けている。

　また、ミドルオフィスとバックオフィスは直接収益に結びつかないため、KPIの数値化ができない。業績評価にあたって、ラインマネージャーが判断する場合が多く、ラインマネージャーの好き嫌いによる不公平が生じやすいと考えられる。今回の結果から、「ラインマネージャー」がミドルオフィスとバックオフィスの主要な離職要因であることが明らかになったことはこれを裏付けている。

　今回の調査結果から、フロントオフィスは「配合の正当性」と「仕事のストレス」、ミドルオフィスは「配合の正当性」と「ラインマネージャー」、バックオフィスは「自主権」と「ラインマネージャー」に不満があることが明ら

かになった。したがって、フロントオフィスとミドルオフィスの報酬制度、フロントオフィスに対するストレスマネジメントの研修、ミドルオフィスとバックオフィスにおけるラインマネージャーへの人事管理上のトレーニング、バックオフィスにおけるリクルート段階での人材ミスマッチの防止といった面で再検討する必要があるという結論が導き出せる。

提言4：報酬制度の再検討

　第2部第1章で既述したように、外資系銀行と現地銀行を比較した結果、賃金水準には大きな差があり、現地銀行が外資系銀行よりも大幅に高い賃金水準を設定していることがわかった。また、統計分析の結果は、外資系銀行の元銀行員が賃金に対する不満を抱えることを示した。これらの結果から、中国進出外資系銀行における報酬制度が人材確保に効きにくいと考えられる。

　第1部第3章で取り上げたように、報酬管理の基本は企業とすべてのステークホルダー（利害関係者）のニーズを満たすことを目的とし、報酬システムを構築・実施・維持することである。従業員はこのステークホルダーの一員で、企業を動かす重要な役割を担っているため、企業はどのように報酬システムを通じて従業員のニーズを満たすことがいかに重要な課題であるかがわかった。外的報酬を代表とする「賃金」は労働の金銭的な対価に限らず、従業員のモチベーションを向上させる必要不可欠なツールである。報酬システムにおいて、人材確保と定着の鍵を握る重要な要素でもある。したがって、本研究は以下の2点を提言する。

A：基本給の引き上げ　第2部第5章で既述したように、インタビュー調査の結果、外資系銀行の賃金水準は現地の銀行業水準より低いという不満が

あった。また、第2部第1章で究明されたように本研究の調査対象銀行で採用されているペイ・ポリシーは、外資系銀行において、リードまたはマッチに合致しているといえるが、全銀行業ではむしろラグ「市場平均賃金を下回る」状況にあると考えられる。したがって、中国進出外資系銀行が基本給の賃金水準を決定する際に、中国現地銀行における賃金水準を考慮に入れ、競争力のある報酬を銀行員に提供すべきである。

B：業績連動型報酬の割合の引き上げ　第1部第3章で述べたように、パフォーマンス管理プロセスを作る際には、従業員の期待を満たす機会を提供し、従業員の成果を認めることが鍵となる。しかし、本研究での統計調査の結果から、中国進出外資系銀行の現役の銀行員が「配合の正当性」に対して不満があることがわかった。多くの銀行員は自分は有能なのに評価されないと思っている。このままでは、従業員に不公平感を生じ、モチベーションが下がり、パフォーマンスが損なわれる恐れがあると考えられる。さらに、モチベーションの低下が人材定着にネガティブな効果を与えるため、中国進出外資系銀行は業績連動型報酬の割合を引き上げる必要があると考えられる。銀行員の能力と貢献を承認するにあたって、業績の達成に見合った変動報酬が最も効果的である。業績連動型報酬が業績の達成度に基づくため、公平性が一定程度保たれると同時に、自分の才能および銀行への貢献が評価されていることを自行の従業員に知らせる仕組みを構築するうえでも重要である。

5. 残された課題

本書は人的資源管理理論と離職行動に関するモデル研究をもとに、従業

員の離職要因を探究する離職分析的モデルを構築し、人的資源管理理論におけるモチベーションの視点から提言を試みたものである。第2部の「実証編」では、中国進出外資系銀行を研究対象とした事例研究をもとに、銀行員の5つの離職要因を究明し、実証研究から浮かび上がった含意を多角的にまとめてみた。ただし離職防止の観点から、事後に手立てを講じるより予防的な対応を取ることが重要であると考えられる。元従業員の離職要因が究明されたとしても、現役の従業員に適用されない可能性があると思われる。実態をより正しく把握するためには、今後の課題として、離職した従業員だけではなく、現役の従業員を対象にさらに詳しく調査する必要があると考えている。

　また、本研究は、すでに離職した銀行員を調査対象とし、ケース・コントロール研究の領域にある。効率的に実施することが可能である反面、過去に遡って調査するため、思い出しバイアスが生じやすく、要因と離職との関連を過大もしくは過小評価する可能性があるとの見方も成り立つ。コホート研究を用い、要因と離職意図の関連性をさらに検討する必要もある。今後の残された課題として、別の機会に研究することが必要と考えられる。

あとがき

　本書を上梓するにあたり多くの方々にお世話になりました。博士後期課程時代の恩師である桜美林大学の金山権先生から論文・研究に関する貴重なご指導とご教示をいただき、心より深く感謝するとともに、厚く御礼を申し上げたいと思います。

　また本書は、筆者たちの博士論文をベースとしつつ、内容を更新し整理したものです。博士論文の執筆にあたって、数多くの有意なコメントをくださった桜美林大学の境睦先生、阿部直彦先生、土屋勉男先生と、ビジネス統計の基本を教えてくださった桜美林大学の古山徹先生には心より厚く御礼を申し上げます。学位審査にあたって、日本大学名誉教授である菊池敏夫先生、桜美林大学の金山権先生、境睦先生、土屋勉男先生、董光哲先生、杉山大輔先生からは学問的に貴重なアドバイスを頂戴し、心より感謝を申し上げる次第です。

　また、離職要因に関するインタビュー調査とアンケート調査においては、中国進出外資系銀行の元銀行員の皆様から多大なるご支援とご協力をいただきました。あらためて皆様に御礼を申し上げます。

　そして、私事で恐縮ですが、本書を研究生活全般を支えてくれた2人の筆者の両親と、博士論文執筆中に亡くなった筆頭著者である蔡の天国の祖父・蔡有為に贈りたいと思います。彼らの助けなしには本研究の進展はあり得なかったと思います。この場を借りて御礼申し上げます。

　最後に、本書の刊行にあたり、東京大学名誉教授である猪口孝先生、論創社の森下紀夫社長および編集部の皆様には多大なお力添えをいただきま

した。論創社の相根正則様と桃青社の西濱良孫様からは原稿の校正などの面でご配慮、ご指導をいただきました。深く感謝の念を表します。

2022年8月

蔡怡／朱燁丹

注

1   PwC（2014）"Foreign Banks in China 2013" Retrieved from http://www.
    iberchina.org/files/banca_extranjera_china_pwc.pdf（accessed September 16,
    2018）.

2   EY（2014）"Future directions for foreign banks in China 2014" The Journal of
    Financial Perspectives, 2（2）.Retrieved from https://www.ey.com/Publication/
    vwLUAssets/ey-future-directions-for-foreign-banks-in-china/$File/ey-future-
    directions-for-foreign-banks-in-china.pdf（accessed September 16, 2018）.

3   佰瑞咨询（2017）「银行现"高管离职大军"，主动离职率惊呆所有人…」http://
    www.sohu.com/a/128462287_481683　2018年9月27日アクセス.

4   董希淼（2018）「银行业开放十多年，外资银行占比不升反降，现在出大招了！」『东
    方头条』http://mini.eastday.com/mobile/180402151457923.html#　2018年9月
    27日アクセス.

5   Watson, T. J.（2010）.Critical social science, pragmatism and the realities of HRM.
    The International Journal of Human Resource Management, 21（6）, pp.915–931.

6   Legge（1989）, p.25.

7   Ulrich（1997）, p.25.

8   同上., pp.25–31.

9   Armstrong & Taylor（2014）, p.49.

10 アメリカ（Price & Mueller, 1981；Agho他,1993；Alexander他, 1998）、メキシコ
    （Maertz他, 2003）、イタリア（Battistelli, 2013）、韓国（Kim & Kang, 2016）.

11 Johnson, J., Irizarry, M., Nguyen, N., & Maloney, P.（2018）.Part1；Foundational
    Theories of Human Motivation. Motivation 101；A Guide for Public Servants.
    Retrieved from https；//stars.library.ucf.edu/motivationforpublicservants/1
    Accessed 2020 March 10.

12 Dartey-Baah, K.（2011）.Application of Frederick Herzberg's Two-Factor theory

in assessing and understanding employee motivation at work；A Ghanaian Perspective. European Journal of Business and Management, 3（9）.Retrieved from https：//pdfs.semanticscholar.org/8120/9583968b25d38e08f353aef4004be7 cd099c.pdf Accessed 2020 March 10.

13 Armstrong & Taylor（2014）, p.348.

14 同上., p.554.

15 同上., pp.336–337.

16 同上., p.370.

17 同上., p.365.

18 Armstrong（2010）, p.43.

19 Milkovich他（2014）, p.234.

20 同上.

21 同上.

22 同上., p.15.

23 千原（2020）p.44.

24 Milkovich他（2014）p.336.

25 同上.

26 Rosen, C.（2020, February 21）.Broad-Based Stock Plans Remain Prevalent in Fortune Best 100 Companies to Work For. Retrieved from https：//www.nceo. org/employee-ownership-blog/broad-based-stock-plans-remain-prevalent-fortune-best-100-companies-work Accessed 2020 March 10.

27 潘（2012）p.270.

28 中国人民銀行（2020）「中国人民銀行歴史沿革」http://www.pbc.gov.cn/rmyh/ 105226/105433/index.html 2020年1月25日アクセス.

29 同上.

30 田中（2006）pp.27–28.

31 中国銀行業監督管理委員会（2017）「CBRC 2017 Annual Report」http://www. cbrc.gov.cn　2018年10月19日アクセス.

32 唐（2008）p.251.

33 潘（2012）p.167.

34 沈（2007）p.38.

35 同上, p.39.

36 周他（2007）p.155.

37 潘（2012）p.168.

38 同上, p.178.

39 Grint（1995）, pp.68–69.

40 潘（2012）p.168.

41 同上, p.175.

42 同上, p.177.

43 同上, p.220.

44 唐（2008）p.249.

45 潘（2012）p.220.

46 唐（2008）p.254.

47 潘（2012）p.221.

48 同上.

49 同上.

50 同上.

51 同上, p.225.

52 同上.

53 同上.

54 同上, p.221.

55 劉（2010）p.350.

56 中国新闻网（2003年6月26日）「相继获QFII等业务资格 沪上外资银行全线开花」
https：//www.chinanews.com/n/2003-06-26/26/317981.html　2020年11月11日
アクセス.

57 央广网（2020）「中银协最新报告:截至2019外资银行在华资产总额达3.48万亿元」

https：//baijiahao.baidu.com/s?id=1678788721901807695&wfr=spider&for=pc
2020年12月6日アクセス.

58 内国民待遇とは、自国民と同様の権利を相手国の国民や企業に対しても保障す
ること。WTOの基本原則のひとつで、輸入品に適用される待遇は、国境措置で
ある関税を除き、同種の国内産品に対するものと差別的であってはならないと、
されている。内国民待遇原則は、このように輸入産品に国内産品より不利でない
待遇を与えることによって、WTO加盟国の国内における「隠された貿易障壁」を
除去することを目的とするもの。人民網日本株式会社（2022）「経済用語集（内国
民待遇）http://j.people.com.cn/94476/100561/100569/7607581.html　2022年1
月25日アクセス.

59 中国銀行業監督管理委員会（2019）http://www.cbrc.gov.cn　2020年2月11日アク
セス.

60 同上。

61 汇丰银行（中国）有限公司「2019年度报告」https：//www.about.hsbc.com.cn/zh-
cn/hsbc-in-china　2020年5月21日アクセス.

62 恒生银行（中国）有限公司「2019年年度报告」https：//www.hangseng.com.
cn/1/2//about-us-chi/results-announcement　2020年5月21日アクセス.

63 渣打银行（中国）有限公司「2019年度报告」https：//av.sc.com/cn/content/docs/
cn-2019-scb-china-annual-report.pdf　2020年5月23日アクセス.

64 花旗银行（中国）有限公司「2019年年度报告」http://www.citi.com.cn/html/cn/
about_us/Our_business.html　2020年5月20日アクセス.

65 澳大利亚和新西兰银行（中国）有限公司「2019年度报告」https：//www.anz.com/
institutional/global/china/zh-hans/annual-report/　2020年5月21日アクセス.

66 三菱日联银行（中国）有限公司「2019 年度信息披露」https：//www.bk.mufg.
jp/global/globalnetwork/asiaoceania/pdf/shanghai/china_disclosure_2019.pdf
2020年5月16日アクセス.

67 瑞穗银行（中国）有限公司「2019年年度报告」https：//www.mizuhogroup.com/
binaries/content/assets/pdf/china/about/news/2019mizuhochina_annualreport.

pdf　2020年5月19日アクセス.

68　三井住友銀行（中国）有限公司「2019年年度报告」https；//www.smbc.co.jp/
　　 global/location_oversea/resources/pdf/fi2019.pdf　2020年5月18日アクセス.

69　山口（2010）p.7.

70　同上.

71　帝国データバンク（2020年2月27日）「日本企業の中国進出動向（2020年）」https；
　　 //www.tdb.co.jp/report/watching/press/p200208.html　2021年2月15日アクセ
　　 ス.

72　野元政宏（2020年1月30日）「中国・武漢市に進出している日系企業―製造業な
　　 ど199社―」『日刊自動車新聞』電子版https；//www.netdenjd.com/articles/-
　　 /227294　2021年2月15日アクセス.

73　シンジケートローンとは、お客さまの資金調達ニーズに対して、アレンジャーが
　　 複数の金融機関を取りまとめてシンジケート団を組成し、1つの契約書に基づ
　　 いてお貸し出しを行う融資形態である。三菱UFJ銀行（2019）「シンジケートロー
　　 ンについて」https；//www.bk.mufg.jp/houjin/shikin_chotatsu/syndicate/about.
　　 html　2019年6月25日アクセス.

74　证券时报（2010年11月5日）「A7金融机构版面」http://epaper.stcn.com/paper/
　　 zqsb/page/1/2010-11-05/A007/46751288892968487.pdf　2020年11月11日アク
　　 セス.

75　PwC.（2011, June 18).Foreign Banks in China 2011. Retrieved 2020 September
　　 10, from PwC HK；https；//www.pwc.de/de/finanzdienstleistungen/banken/
　　 assets/fs_foreign_banks_china_jun2011.pdf.

76　PwC.（2012, July 18).Foreign Banks in China 2012. Retrieved 2020 September 10,
　　 from PwC CN；https；//www.pwc.com/gr/en/surveys/assets/foreign-banks-
　　 china-jul2012.pdf Accessed 2020 March 10.

77　前程无忧人力资源调研中心（2012）「2013年度离职与调薪调研报告」http://www.
　　 doc88.com/p-7714214944933.html　2020年7月8日アクセス.

78　PwC.（2014).Foreign Banks in China 2013. Retrieved 2018 September 16, from

IbercChina：http://www.iberchina.org/files/banca_extranjera_china_pwc.pdf.

79　融資中国（2021）「韦莱韬悦&融資中国:2017金融科技行业薪酬报告发布，人才固薪调薪率远超传统银行，但主动离职率依然高居大金融首位」http://www.360doc.cn/mip/971363811.html　2021年7月7日アクセス.

80　国家统计局（2019）「2018年四季度和全年国内生产总值（GDP）初步核算结果」http://www.stats.gov.cn/tjsj/zxfb/201901/t20190122_1646082.html　2020年7月7日アクセス.

81　Foreign Banks in China；Talent War Triggered.（2020, September 23）.Retrieved 2021 January 16, from finews.asia；https；//www.finews.asia/finance/32781-foreign-banks-in-china-a-talent-war-triggered.

82　Armstrong & Taylor（2014）, p.273.

83　王伯庆・郭娇（2017）「2017年中国本科生就业报告」麦可思研究院.

84　姚（2015）p.147.

85　Price（2001）, p.624.

86　薛（2017）p.290.

87　小木曽湧・山口泰雄・間野義之（2019）「スポーツ観戦における知覚経験:チーム・ロイヤルティおよび再観戦意図との関係性」『スポーツ産業学研究』第29巻4号, pp.4_239-4_252.

88　Fornell, C., & Larcker, D. F.（1981）.Evaluating structural equation models with unobservable variables and measurement error. *Journal of Marketing Research*, 18（1）, pp.39–50.

89　Bagozzi, R. P., & Yi, Y.（1988）.On the evaluation of structural equation models. *Journal of the academy of marketing science*, 16（1）, pp.74–94.

90　央广网（2020）「中银协最新报告:截至2019年外资银行在华资产总额达3.48万亿元」https；//baijiahao.baidu.com/s?id=1678788721901807695&wfr=spider&for=pc 2020年12月6日アクセス.

参考文献

＜日本語文献＞

坂下昭宣(1985)『組織行動研究』白桃書房.

永井裕久・守島基博(1993)「異文化組織における部下の影響行動のモチベーション」『産業・組織心理学研究』第7巻, 第2号, pp.11-19.

阿部直彦(2001)『会社を変える報酬改革』東洋経済新報社.

杉山大輔(2002)「第6章」『バランス・スコアカード経営』バランス・スコアカード・フォーラム編　中央経済社, pp.180-184,185-187.

白木三秀(2006)「国際人的資源管理の比較分析：多国籍内部労働市場の視点から」/https://waseda.repo.nii.ac.jp/?action=pages_view_main&active_action=repository_view_main_item_detail&item_id=6713&item_no=1&page_id=13&block_id=212018年7月9日アクセス.

田中重好(2006)「中国社会構造の変動と社会的調整メカニズムの喪失」『中国社会構造の変容』勉誠出版, pp.23-40.

周仲飛・陳文君・劉春暁・劉元・李欣(上海財経大学法学部の研究チーム)(2007)「第Ⅱ部国別編：第8章中国」金融庁/https://www.fsa.go.jp/news/19/sonota/20070711-1/03-0.pdf　2019年10月21日アクセス.

宋立水(2007)「中国経営における人的資源の高い流動性リスクとそのマネジメントについて」『経済研究』(明治学院大学) 第139号, pp.15-28.

沈瑛(2007)「中国国有企業の人的資源管理と都市労働者のモチベーション要因に関する研究」『政治学研究論集』第25巻, pp.25-43.

PwC(2007)「役員報酬：これからの連動のあり方」/https://www.pwc.com/jp/ja/advisory/press-room/contribution/　2019年10月21日アクセス

坂本恒夫 (2008)『キャリア形成：ガイドブック』中央経済社.

唐伶 (2008)「近年の中国国有企業における賃金制度改革；動向,意義と今後の課題」『桃山学院大学総合研究所紀要』第33巻第3号, pp.245-268.

萩原弘子 (2008)「中国における金融システム改革、金融調節と銀行業」『商大論集』第2・3号, pp.91（265）-106（280）.

古山徹 (2008)「銀行業の利ざやとROEの関係についての一考察」『証券経済学会年報』pp.153-157.

金山権 (2010)「日系企業の経営行動に対する中国からの評価—グローバル化に向けた今後の方向と課題—」『桜美林経営研究』創刊号, pp.1-13.

土屋政雄・細谷美奈子・東條光彦 (2010)「不登校アセスメント尺度改訂版（SRAS-R）の一般児童への適用と妥当性の検討」『行動療法研究』第36巻第2号, pp.107-118.

山口昌樹 (2010)「中国銀行業の対外開放—現地法人形態での参入の評価」『中国経済研究』第7巻第1号, pp.1-15.

王衛国主編 (2011)『銀行法学』法律出版社.

経営行動科学学会 (2011)『経営行動科学ハンドブック』中央経済社.

平野光俊 (2011)「2009年の日本の人事部——その役割は変わったのか」『日本労働研究雑誌』第606号, pp.62-78.

高瑞紅 (2012)「中国における日系中小企業の人材マネジメント：コア人材の育成と確保を中心に」『国際ビジネス研究』第4巻第1号, pp.154-159.

菊池敏夫・金山権・新川本 (2014)『企業統治論—東アジアを中心に—』税務経理協会.

周剣龍 (2014)「中国における外資銀行法制の構造と課題」『獨協法学』第93号, pp.143-166.

徐雄彬・董光哲 (2014)「在中日系,韓国系企業の人材現地化の比較」『経済研究』

(明治学院大学) 第147号, pp.153-172.

徐雄彬・董光哲・安田英土 (2014)「中国における日系企業の人材現地化：人材現地化への影響要素の分析を中心として」『江戸川大学紀要』第24号, pp.174-194.

姚継東 (2015)「在中日系企業における職場ストレスと職務満足感：組織サポートの視点から」博士論文　桜美林大学.

小川慎一・山田信行・金野美奈子・山下充 (2015)『「働くこと」を社会学する産業・労働社会学』有斐閣アルマ.

川本裕子 (2015)『金融機関マネジメント：バンカーのための経営戦略論』東洋経済新報社.

森健太朗・本藤祐樹 (2018)「ライフサイクル思考がもたらす「つながり感」を測定する尺度の開発」『日本LCA学会』第14巻1号, pp.2-12.

小木曽湧・山口泰雄・間野義之 (2019)「スポーツ観戦における知覚経験：チーム・ロイヤルティおよび再観戦意図との関係性」『スポーツ産業学研究』第29巻4号, pp.4_239-4_252.

境睦 (2019)『日本の戦略的経営者報酬制度』中央経済社.

三菱UFJ銀行 (2019)「シンジケートローンについて」/https://www.bk.mufg.jp/houjin/shikin_chotatsu/syndicate/about.html　2019年6月25日アクセス

みずほ銀行 (2019)「海外ネットワーク〜アジア・オセアニア〜」/https://www.mizuho-fg.co.jp/investors/financial/disclosure/data18d/pdf/38.pdf　2019年6月25日アクセス.

千原正敬 (2020)「上場企業の役員報酬をめぐる近年の動向—企業業績との連動性の強化—」『レファレンス』第836号, pp.29-56.

野元政宏 (2020年1月30日)「中国・武漢市に進出している日系企業—製造業など199社—」『日刊自動車新聞』電子版/https://www.netdenjd.com/articles/-

/227294　2021年2月15日アクセス.

帝国データバンク (2020年2月27日)「日本企業の中国進出動向 (2020年)」/
　　https://www.tdb.co.jp/report/watching/press/p200208.html　2021年2月
　　15日アクセス.

＜中国語文献＞

中国新闻网 (2003年6月26日)「相继获QFII等业务资格 沪上外资银行全线开花」
　　/https://www.chinanews.com/n/2003-06-26/26/317981.html　2020年11月
　　11日アクセス.

張勉・張徳 (2006)「Price-Mueller離職模型中価値観変量調節作用的実証研究」
　　『管理評論』第9巻, pp.46-51.

劉隆亨 (2010)『銀行金融法学〔第六版〕』北京大学出版社.

証券時報 (2010年11月5日)「A7金融機構版面」/http://epaper.stcn.com/
　　paper/zqsb/page/1/2010-11-05/A007/46751288892968487.pdf　2020年11
　　月11日アクセス.

潘光伟 (2012)『银行业流程再造、绩效薪酬管理及人力资源开发』中国金融出版社.

前程无忧人力资源调研中心 (2012)「2013年度离职与调薪调研报告」/http://
　　www.doc88.com/p-7714214944933.html　2020年7月8日アクセス.

陶启智・胡一鸣・唐铭铎 (2015)「西部地区外资银行员工流失问题调查研究：以
　　某外资银行成都分行为例」『观察思考』第6巻, pp.51-56.

呉少勇 (2015)「中鉄建工集団崗位薪点工資制的探索与実践」『中国人的資源開
　　発』第10巻, pp.98-100.

佰瑞咨询 (2017)「银行现"高管离职大军",主动离职率惊呆所有人…」/http://
　　www.sohu.com/a/128462287_481683　2018年9月27日アクセス.

三菱日聯銀行（中国）有限公司（2017）「2016年度信息披露」/https://max. book118.com/html/2017/1211/143730124.shtm　2020年5月16日アクセス.

王伯庆・郭娇（2017）「2017年中国本科生就业报告」麦可思研究院.

薛薇（2017）『统计分析与SPSS的应用（第五版）』中国人民大学出版社.

中国银行保险监督管理委员会（2009-2019）「中国银行业监督管理委员会2008-2018年报」/http://zhuanti.cbrc.gov.cn/subject/subject 2019年12月25日 アクセス.

中国銀行業監督管理委員会（2017）「CBRC 2017 Annual Report」/http:// www.cbrc.gov.cn　2018年10月19日アクセス.

澳大利亚和新西兰银行（中国）有限公司（2018-2020）「2017-2019年度报告」/ https://www.anz.com/institutional/global/china/zh-hans/annual-report/ 2020年5月21日アクセス.

董希淼（2018）「银行业开放十多年,外资银行占比不升反降,现在出大招了!」『东方头条』/http://mini.eastday.com/mobile/180402151457923.html#　2018年9月27日アクセス.

花旗银行（中国）有限公司（2018-2020）「2017-2019年度报告」/http://www. citi.com.cn/html/cn/about_us/Our_business.html　2020年5月20日 アクセス.

汇丰银行（中国）有限公司（2018-2020）「2017-2019年度报告」/https://www. about.hsbc.com.cn/zh-cn/hsbc-in-china　2020年5月21日アクセス.

瑞穂银行（中国）有限公司（2018）「2017年度报告」/https://www.mizuhogroup. com/binaries/content/assets/pdf/china/about/news/2017disclosure.pdf 2020年5月19日アクセス.

三井住友银行（中国）有限公司（2018）「2017年度报告」/https://www.smbc. co.jp/global/location_oversea/resources/pdf/fi2017.pdf　2020年5月18日 ア

クセス.

三菱日联银行（中国）有限公司 (2018)「2017 年度信息披露」/https://www.
　bk.mufg.jp/global/globalnetwork/asiaoceania/pdf/shanghai/china_
　disclosure_2017.pdf　2020年5月16日アクセス.

渣打银行（中国）有限公司 (2018)「2017年度报告」/https://av.sc.com/cn/
　content/docs/cn-2017-scb-china-annual-report.pdf　2020年5月23日　ア ク
　セス.

国家统计局 (2019)「2018年四季度和全年国内生产总值 (GDP) 初步核算结果」/
　http://www.stats.gov.cn/tjsj/zxfb/201901/t20190122_1646082.html　2020
　年7月7日アクセス.

恒生银行（中国）有限公司 (2019-2020)「2018-2019年度报告」/https://www.
　hangseng.com.cn/1/2//about-us-chi/results-announcement　2020年5月21
　日アクセス.

瑞穗银行(中国)有限公司 (2019)「2018年度报告」/https://www.mizuhogroup.
　com/binaries/content/assets/pdf/china/about/news/2018disclosure.pdf
　2020年5月19日アクセス.

三井住友銀行(中国)有限公司 (2019)「2018年度报告」/https://www.smbc.
　co.jp/global/location_oversea/resources/pdf/fi2018.pdf　2020年5月18日　ア
　クセス.

三菱日联银行（中国）有限公司 (2019)「2018 年度信息披露」/https://www.
　bk.mufg.jp/global/globalnetwork/asiaoceania/pdf/shanghai/china_
　disclosure_2018.pdf　2020年5月16日アクセス.

薪智互联网科技(上海)有限公司 (2019)「薪智2019年1月-6月市场薪酬数据白皮
　书」/http://www.199it.com/archives/922983.html　2021年1月14日アクセス.

渣打银行（中国）有限公司 (2019)「2018年度报告」/https://av.sc.com/cn/

content/docs/cn-2018-scb-china-annual-report.pdf　2020年5月23日　ア　ク　セス.

中国銀行業監督管理委員会 (2019)／http://www.cbrc.gov.cn　2020年2月11日アクセス.

中国銀行協会 (2019)「在華外資銀行発展報告」／https://www.china-cba.net/ 2021年9月16日アクセス.

中智諮詢人力資本数据中心 (2019)「中智2019年重点行業薪酬趨勢指南」／https://bbs.pinggu.org/a-2877110.html 2021年6月6日アクセス.

瑞 穂 銀 行（中 国）有 限 公 司 (2020)「2019年 年 度 報 告」／https://www. mizuhogroup.com/binaries/content/assets/pdf/china/about/ news/2019mizuhochina_annualreport.pdf　2020年5月19日アクセス.

三井住友銀行（中国）有限公司 (2020)「2019年度報告」／https://www.smbc. co.jp/global/location_oversea/resources/pdf/fi2019.pdf　2020年5月18日　ア　クセス.

三菱日联银行（中国）有限公司 (2020)「2019年度信息披露」／https://www. bk.mufg.jp/global/globalnetwork/asiaoceania/pdf/shanghai/china_ disclosure_2019.pdf　2020年5月16日アクセス.

央广网 (2020年9月25日)「中银协最新报告：截至2019年外资银行在华资产总额达3.48万亿元」／https://baijiahao.baidu.com/s?id=1678788721901807695&w fr=spider&for=pc　2020年12月6日アクセス.

中国人民銀行 (2020)「中国人民銀行歴史沿革」／http://www.pbc.gov.cn/ rmyh/105226/105433/index.html 2020年1月25日アクセス.

渣打银行（中国）有限公司 (2020)「2019年度报告」／https://av.sc.com/cn/ content/docs/cn-2019-scb-china-annual-report.pdf　2020年5月23日　ア　ク　セス.

中国人民银行金融研究所 (2020)『中国金融年鉴2020』中国人民银行金融研究所.

澳大利亚和新西兰银行 (中国) 有限公司 (2021)「2020年度报告」/https://www.
　　anz.com/institutional/global/china/zh-hans/annual-report/　2021年5月10
　　日アクセス.

ciic中智咨询 (2021)「中智2020年金融行业薪酬趋势指南」/https://max.
　　book118.com/html/2020/0408/5312201222002234.shtm　2021年7月10日　ア
　　クセス.

花旗银行 (中国) 有限公司 (2021)「2020年度报告」/http://www.citi.com.cn/
　　html/cn/about_us/Our_business.html　2021年5月10日アクセス.

恒生银行 (中国) 有限公司 (2021)「2020年度报告」/https://www.hangseng.
　　com.cn/1/2//about-us-chi/results-announcement　2021年5月10日アクセ
　　ス.

汇丰银行 (中国) 有限公司 (2021)「2020年度报告」/https://www.about.hsbc.
　　com.cn/zh-cn/hsbc-in-china　2021年5月10日アクセス.

李德 (2021)「我国中央银行体制的建立与发展 (上)」『中国金融』第16卷,
　　pp.32-34.

融资中国 (2021)「韦莱韬悦&融资中国:2017金融科技行业薪酬报告发布,人
　　才固薪调薪率远超传统银行,但主动离职率依然高居大金融首位」/http://
　　www.360doc.cn/mip/971363811.html　2021年7月7日アクセス.

瑞穗银行 (中国) 有限公司 (2021)「2020年度报告」/https://www.mizuhogroup.
　　com/binaries/content/assets/pdf/china/about/news/mizuho-2020-
　　annual-report.pdf　2021年5月10日アクセス.

三井住友銀行 (中国) 有限公司 (2021)「2020年度报告」/https://www.smbc.
　　co.jp/global/location_oversea/resources/pdf/fi2020.pdf　2021年5月10日　ア
　　クセス.

三菱日联银行（中国）有限公司（2021）「2020年度信息披露」/https://www.bk.mufg.jp/global/globalnetwork/asiaoceania/pdf/shanghai/china_disclosure_2020.pdf　2021年5月10日アクセス.

渣打银行（中国）有限公司（2021）「2020年度报告」/https://av.sc.com/cn/content/docs/cn-2020-scb-china-annual-report.pdf　2021年5月10日アクセス.

人民網日本株式会社（2022）「経済用語集（内国民待遇）」/http://j.people.com.cn/94476/100561/100569/7607581.html　2022年1月25日アクセス.

中国人民銀行（2021）「上海市金融運行報告（2008–2019）」/http://shanghai.pbc.gov.cn/fzhshanghai/113589/13953/index2.html 2020年10月13日アクセス.

＜英語文献＞

Adams, J. S.（1963）. Toward an understanding of inequity. *Journal of Abnormal & Social Psychology, 67*（5）, pp.422-463.

Adams, J. S.（1965）. Inequity In Social Exchange. In L. Berkowitz（Ed.）, *Advances in Experimental Social Psychology*（Vol. 2, pp.267-299）. New York : Academic Press.

Agho, A. O., Mueller, C. W., & Price, J. L.（1993）. Determinants of Employee Job Satisfaction : An Empirical Test of a Causal Model. *Human Relations, 48*（8）, pp.1007-1027.

Aguinis, H.（2005）. *Performance Management*. Upper Saddle River NJ : Pearson Education.

Alderfer, C. P.（1972）. *Existence, Relatedness, and Growth : Human Needs in Organizational Settings*. New York：Free Press.

Alexander, J. A., Lichtenstein, R., Oh, H. J., & Ullman, E. (1998). A causal model of voluntary turnover among nursing personnel in long-term psychiatric settings. *Research in nursing & health*, 21 (5), pp.415-427.

Armstrong, M. (2010). *Armstrong's Handbook of Reward Management Practice：Improving Performance through Reward* (3rd ed.). London：Kogan Page.

Armstrong, M., & Taylor, S. (2014). *Armstrong's handbook of human resource management practice* (13th ed.). London：Kogan Page.

Arnold, H. J., & Feldman, D. C. (1982). A Multivariate Analysis of the Determinants of Job Turnover. *Journal of Applied Psychology*, 67 (3), pp.350-360.

Bagozzi, R. P., & Yi, Y. (1988). On the evaluation of structural equation models. *Journal of the academy of marketing science*, 16 (1), pp.74-94.

Bakke, E. W. (1958). *The human resources function*. New Haven：Yale Labor Management Center.

Baruch, Y., & Peiperl, M. (2000). Career management practices：an empirical survey and explanations. *Human Resource Management*, 39 (4), pp.347-66.

Battistelli, A., Portoghese, I., Galletta, M., & Pohl, S. (2013). Beyond the tradition：test of an integrative conceptual model on nurse turnover. *International nursing review*, 60 (1), pp.103-111.

Becker, G. S. (1964). *Human Capital*. New York：Columbia University Press.

Beer, M., Spector, B., Lawrence, P., Quinn Mills, D., & Walton, R. (1984).

Managing Human Assets. New York : The Free Press.

Bluedorn, A. C. (1982). A unified model of turnover from organizations. *Human Relations*, 35 (2), pp.135-153.

Boxall, P.F., & Purcell, J. (2003). *Strategy and Human Resource Management*. Basingstoke : Palgrave Macmillan.

Bratton, J., & Gold, J. (2017). *Human resource management : theory and practice* (6th ed.). New York : Palgrave Macmillan.

Brayfield, A. H., & Crockett, W. H. (1955). Employee attitudes and employee performance. *Psychological Bulletin*, 52 (5), pp.396-424.

Breaugh, J. A. (1985). The Measurement of Work Autonomy. *Human Relations*, 38 (6), pp.551-570.

Browne, M. W., & Cudeck, R. (1993). Alternative Ways of Assessing Model Fit. In K. A. Bollen, & J. S. Long (Eds.), *Testing Structural Equation Models* (pp.136-162). Newbury Park : Sage Publications.

Carmines, E. G., & McIver, J. P. (1981). Analyzing models with unobserved variables : Analysis of covariances structures. In G. W. Bohmstedt, & E. F. Borgatta (Eds.), *Social measurement : Current issues* (pp.65-115). Beverly Hills : Sage Publications.

Carsten, J. M., & Spector, P.E. (1987). Unemployment, Job Satisfaction, and Employee Turnover : A Meta-Analytic Test of the Muchinsky Model. *Journal of Applied Psychology*, 72 (3), pp.374-381.

Challenger, Gray and Christmas. (1999, January 30). Results of a survey reported in 'overworked and overpaid : the American manager'. *The Economist*, pp.61-62.

Chambers, E., Foulon, M., Handfield-Jones, H., Hankin, S., & Michaels,

E. (1998). The War for Talent. *The McKinscy Quarterly*, 1 (3), pp.44-57.

Christen, M., Iyler, G., & Soberman, D. (2006). Job satisfaction, job performance, and effort : a reexamination using agency theory. *Journal of Marketing*, 70, pp.137-150.

Comay, Y. (1972). The migration of professionals : An empirical analysis. *Canadian Journal of Economics*, 5, pp.419-429.

Csikszentmihalyi, M. (1990). *Flow : the psychology of optimal experience*. New York : Harper & Row.

Currivan, D. B. (1999). The Causal Order of Job Satisfaction and Organizational Commitment in Models of Employee Turnover. *Human Resource Management Review*, 9 (4), pp.495-524.

Dartey-Baah, K. (2011). Application of Frederick Herzberg's Two-Factor theory in assessing and understanding employee motivation at work : A Ghanaian Perspective. *European Journal of Business and Management*, 3 (9). Retrieved from https://pdfs.semanticscholar.org/8120/9583968b25d3 8e08f353aef4004be7cd099c.pdf

Delery, J. E., & Doty, D. H. (1996). Modes of Theorizing in Strategic Human Resource Management : Tests of Universalistic, Contingency, and Configurational Performance Predictions. *Academy of Management Journal*, 39, pp.802-835.

Drucker, P.F. (1954). *The practice of management*. New York : Harper& Row.

Drucker, P.F. (1959). *The Landmarks of Tomorrow*. New York : Harper & Row.

Drucker, P.F. (1974). *Management : Tasks, Responsibilities, Practices*. New

York : Harper & Row.

Drucker, P.F. (1999). *Management Challenges for the 21st Century*. New York : Harper Business.

Dyer, L. (1983). Bring human resources into the strategy formulation process. *Human Resource Management*, 22, pp.257-271.

EY. (2014). Future directions for foreign banks in China 2014. *The Journal of Financial Perspectives*, 2 (2). Retrieved from https://www.ey.com/ Publication/vwLUAssets/ey-future-directions-for-foreign-banks-in-china/$File/ey-future-directions-for-foreign-banks-in-china.pdf

Falch, T. (2011). Teacher Mobility Responses to Wage Changes : Evidence from a Quasi-natural Experiment. *American Economic Review*, 101 (3), pp.460-465.

Fletcher, C. (2004). *Appraisal and Feedback : Making performance review work* (3rd ed.). London : CIPD.

Folger, R., & Konovsky, M. A. (1989). Effects of Procedural and Distributive Justice on Reactions to Pay Raise Decisions. *Academy of Management Journal*, 32 (1), pp.115-130.

Foreign Banks in China : Talent War Triggered. (2020, September 23). Retrieved 2021 January 16, from finews.asia/https://www.finews.asia/ finance/32781-foreign-banks-in-china-a-talent-war-triggered

Fornell, C., & Larcker, D. F. (1981). Evaluating structural equation models with unobservable variables and measurement error. *Journal of Marketing Research*, 18 (1), pp.39-50.

Gaertner, S. (1999). Structural determinants of job satisfaction and organizational commitment in turnover models. *Human Resource*

Management Review, 9 (4), pp.479-493.

Golden, K. A., & Ramanujam, V. (1985). Between a dream and a nightmare: on the integration of the human resource management and strategic business planning processes. *Human Resources Management*, 24, pp.429-452.

Gomez-Mejia, L. R., Balkin, D. B., & Cardy, R. L. (2001). *Managing human resources* (3rd ed.). Upper Saddle River, NJ: Prentice Hall.

Greenberg, J. (1993). The intellectual adolescence of organizational justice: You've come a long way, maybe. *Social Justice Research*, 6, pp.135-148.

Greenberg, J. (1999). *Managing behavior in organizations*. Upper Saddle River, NJ: Prentice Hall.

Grint, K. (1995). *Management: A Sociological Introduction*. Cambridge: Polity Press.

Grubel, H. G. (1977). A theory of multinational banking. *PSL Quarterly Review*, 30, pp.349-363.

Guest, D. E. (1989). Personnel and HRM: can you tell the difference? *Personnel Management*, pp.48-51.

Guest, D. E., & King, Z. (2004). Power, innovation and problem-solving: the personnel managers' three steps to heaven? *Journal of Management Studies*, 41 (3), pp 401-23 (3), pp.401-423.

Hackman, J. R., & Oldham, G. R. (1980). *Work Redesign*. Philippines: Addison-Wesley.

Haines, V. Y., & St-Onge, S. (2012). Performance management effectiveness: practices or context? International. *Journal of Human Resource Management*, 23 (6), pp.1158-1175.

Hair, J. F., Black, W. C., Babin, B. J., Anderson, R. E., & Tatham, R. L. (2010). *Multivariate data analysis* (7th ed.). Upper Saddle River, NJ: Pearson/ Prentice Hall.

Herzberg, F. (1959). *The motivation to work*. New York: Wiley.

Hom, P.W., & Griffeth, R. W. (1991). Structural Equations Modeling Test of a Turnover Theory: Cross-Sectional and Longitudinal Analyses. *Journal of Applied Psychology*, 76 (3), pp.350–366.

Horwitz, F., Heng, T. C., & Quazi, A. H. (2003). Finders, keepers? Attracting, motivating and retaining knowledge workers. *Human Resource Management Journal*, 13 (4), pp.23–44.

Hu, L.-t., & Bentler, P.M. (1999). Cutoff criteria for fit indexes in covariance structure analysis: Conventional criteria versus new alternatives. *Structural Equation Modeling*, 6 (1), pp.1–55.

Huling, E. (2003). Rough Notes. *Journal of Applied Psychology*, 2 (1), pp.17–24.

Huselid, M. A. (1995). The Impact of Human Resource Management Practices on Turnover, Productivity, and Corporate Financial Performance. *Academy of Management Journal*, 38, pp.635–672.

Johnson, J., Irizarry, M., Nguyen, N., & Maloney, P. (2018). Part 1: Foundational Theories of Human Motivation. Motivation 101: A Guide for Public Servants. Retrieved from https://stars.library.ucf.edu/ motivationforpublicservants/1

Kaplan, R. S., & Norton, D. P. (1992). The Balanced Scorecard: Measures that Drive Performance. *Harvard Business Review*, 70 (1), pp.71–79.

Kearney, C. A., & Silverman, W. K. (1993). Measuring the function of school refusal behavior : The School Assessment Scale. *Journal of Clinical Child Psychology*, 22 (1), 85–96.

Keegan, A., & Francis, H. (2010). Practitioner talk : the changing textscape of HRM and emergence of HR business partnership.*The International Journal of Human Resource Management*, 21 (6), pp.873–898.

Kidd, A. (1994). The marks are on the knowledge worker. Paper presented at the Proceedings of the SIGCHI Conference on Human Factors in Computing Systems, Boston, Massachusetts, USA.

Kim, S. O., & Kang, Y. (2016). A prediction model on the male nurses' turnover intention. *Korean Journal of Adult Nursing*, 28 (5), pp.585–594.

Kim, S. W., Price, J. L., Mueller, C. W., & Watson, T. W. (1996). The determinants of career intent among physicians at a US Air Force hospital. *Human Relations*, 49, pp.947–976.

King, N. J., & Bernstein, G. A. (2001). School refusal in children and adolescents : A review of the past 10 years. *Journal of the American Academy of Child and Adolescent Psychiatry*, 40 (2), 197–205.

Koch, J. L., & Steers, R. M. (1978). Job attachment, satisfaction, and turnover among public sector employees. *Journal of Vocational Behavior*, 12, pp.119–128.

Larsen, H., & Brewster, C. (2003). Line management responsibility for HRM : what is happening in Europe? *Employee Relations*, 25 (3), pp.228–244.

Latham, G. P. (2007). Work Motivation : History, Theory, Research, and Practice. California : Sage Publications.

Lawler, E. E., Boudreau, J. W., & Mohrman, S. A. (2006). *Achieving*

Strategic Excellence. Stanford California : Stanford University Press.

Lawler, E. E., & McDermott, M. (2003). Current performance management practices ; examining the impacts. *WorldatWork Journal*, 12 (2), pp.49–60.

Legge, K. (1989). Human resource management : a critical analysis. In J. Storey (Ed.), *New Perspectives in Human Resource Management* (pp.19–40). London : Routledge.

Leslie, G., & Richardson, A. H. (1961). American Sociological Review. *Life cycle, career pattern, and the decision to move*, 26, pp.894–902.

Leventhal, G. S. (1980). What should be done with equity theory? New approaches to the study of fairness in social relationships. In K. J. Gergen, M. S. Greenberg, & R. H. Willis (Eds.), *Social Exchange : Advances in Theory and Research*. New York : Plenum Press.

Lincoln, J. R., & Kalleberg, A. L. (1990). *Culture, Control, and Commitment : A Study of Work Organization and Work Attitudes in the United States and Japan*. New York : Cambridge University Press.

Lindholm, N., Tahvanainen, M., & Björkman, I. (1999). Performance appraisal of host country employees : West MNEs in China. In C. Brewster, & H. Harris (Eds.), *International HRM : contemporary issues in Europe*. London : Routledge.

Lis, B. (2012). The relevance of corporate social responsibility for a sustainable human resource management : An analysis of organizational attractiveness as a determinant in employees' selection of a (potential) employer. *Management Revue*, 23 (3), pp.279–295.

Locke, E. A. (1975). Personnel attitudes and motivation. *Annual Review of Psychology*, 26, pp.457–480.

Locke, E. A. (1976). The Nature and Causes of Job Satisfaction. In M. D. Dunnette (Ed.), *Handbook of Industrial and Organizational Psychology* (Vol. 1, pp.1297-1343).

Long, L. H. (1972). The influence of number and ages of children on residential mobility. *Demography*, 9, pp.371-382.

Maertz, C. P., Stevens, M. J., & Campion, M. A. (2003). A turnover model for the Mexican maquiladoras. *Journal of Vocational Behavior*, 63 (1), pp.111-135.

Maier, N. R. (1955). *Psychology In Industry : a Psychological Approach to Industrial Problems*. Boston (Mass.) : Houghton Mifflin.

March, J. G., & Simon, H. A. (1958). *Organizations*. New York : Wiley.

Maslow, A. H. (1943). A Theory of Human Motivation. *Psychological Review*, 50, pp.394-395.

McClelland, D. C. (1961). *The achieving society*. N.J., Princeton : Van Nostrand.

McClelland, D. C. (1987). The Avoidance Motives. In D. C. McClelland, *Human Motivation* (pp.373-412). New York : Cambridge University Press.

McGregor, D. (1960). *The human side of enterprise*. New York : McGraw-Hill.

Mcmeekin, A., & Coombs, R. (1999). Human Resource Management and The Motivation of Technical Professionals. *International Journal of Innovation Management*, 3 (1), pp.1-26.

Milkovich, G., Newman, J., & Gerhart, B. (2014). *Compensation*. New York : McGraw Hill.

Miller, S. J. (1976). Family life cycle, extended family orientations, and economic aspirations as factors in the propensity to migrate. *The Sociological Quarterly*, 17, pp.323–335.

Mládková, L., Zouharová, J., & Nový, J. (2015). Motivation and Knowledge Workers. *Procedia-Social and Behavioral Sciences*, 207 (2015), pp.768–776.

Mobley, W. H. (1977). Intermediate Linkages in the Relationship between Job Satisfaction and Employee Turnover. *Journal of Applied Psychology*, 62, pp.237–240.

Mobley, W. H. (1982). Employee turnover, causes, consequences, and control. *Reading*, MA : Addison-Wesley.

Mobley, W. H., Griffeth, R. W., Hand, H. H., & Meglino, B. M. (1979). Review and conceptual analysis of the employee turnover process. *Psychological Bulletin*, 86, pp.493–522.

Morrow, P., & McElroy, J. C. (2007). Efficiency as a mediator in turnover-organizational performance relations. *Human Relations*, 60 (6), pp.827–849.

Noer, D. (1993). Four new realities. *Executive Excellence*, 10 (11), pp.16–17.

Parsons, D. O. (1972). Specific Human Capital : An application to quit rates and layoff rates. *Journal of Political Economy*, 80, pp.1120–1143.

Pay Governance. (2017). Retrieved November 2020, from https://www.paygovernance.com/

Perlmutter, H. V. (1969). The Tortuous Evolution of Multinational Enterprises. *Columbia Journal of World Business*, 1, pp.9–18.

Porter, L. W., & Lawler, E. E. (1968). *Managerial attitudes and performance*. Homewood, Ill. : R.D. Irwin.

Porter, L. W., & Steers, R. M. (1973). Organizational, work, and personal factors in employee turnover and absenteeism. *Psychological Bulletin*, 80, pp.151-176.

Porter, L. W., Crampon, W. J., & Smith, F. J. (1976). Organizational commitment and managerial turnover : A longitudinal study. *Organizational Behavior and Human Performance*, 15, pp.87-98.

Porter, L. W., Steers, R. M., Mowday, R. T., & Boulian, P.V. (1974). Organizational Commitment, Job Satisfaction, and Turnover among Psychiatric Technicians. *Journal of Applied Psychology*, 59, pp.603-609.

Porter, M. E. (1985). *Competitive advantage*. New York : Free Press.

Price, J. L. (1975). A theory of turnover. In B. O. Pettman (Ed.), *Labour Turnover and Retention*. Epping, Essex : Gower Press.

Price, J. L. (1977). *The Study of Turnover*. Ames, IA. : Iowa State University Press.

Price, J. L. (1995). A role for demographic variables in the study of absenteeism and turnover. *International Journal of Career Management*, 7 (5), pp.26-32.

Price, J. L. (2001). Reflections on the Determinants of Voluntary Turnover. *International Journal of Manpower*, 22, pp.600-624.

Price, J. L., & Kim, S.-W. (1993). The Relationship between Demographic Variables and Intent to Stay in the Military : Medical Personnel in a U.S. Air Force Hospital. *Armed Forces & Society*, 20 (1), pp.125-144.

Price, J. L., & Mueller, C. W. (1981). A Causal Model of Turnover for

Nurses. *The Academy of Management Journal*, 24 (3), pp.543–565.

Purcell, J., Kinnie, K., Hutchinson, R., Rayton, B., & Swart, J. (2003). *Understanding the People and Performance Link : Unlocking the black box*. London : CIPD.

PwC. (2011, June 18). Foreign Banks in China 2011. Retrieved 2020 September 10, from PwCHK/https://www.pwc.de/de/finanzdienstleistungen/ banken/assets/fs_foreign_banks_china_jun2011.pdf

PwC. (2012, July 18). Foreign Banks in China 2012. Retrieved 2020 September 10, from PwCCN/https://www.pwc.com/gr/en/surveys/ assets/foreign-banks-china-jul2012.pdf

PwC. (2014). Foreign Banks in China 2013. Retrieved 2018 September 16, from IberChina/http://www.iberchina.org/files/banca_extranjera_china_ pwc.pdf

Ramlall, S. (2004). A Review of Employee Motivation Theories and their Implications for Employee Retention within Organizations. *The journal of American Academy of Business*, 5 (1/2), pp.52–63.

Riddell, C. (2011). Compensation Policy and Quit Rates : A Multilevel Approach Using Benchmarking Data Chris. *Industrial Relations*, 50 (4), pp.656–677.

Robinson, D., Fletcher, L., Truss, C., Alfes, K., Holmes, J., Madden, A., Buzzeo, J., Currie, G. (2014). Guide to Engagement for Line Managers. *Brighton*, UK : Institute for Employment Studies.

Robinson, D., Perryman, S., & Hayday, S. (2004). The drivers of employee engagement. In IES Report No. 408. *Brighton*, UK : Institute for Employment Studies.

Rosen, C. (2020, February 21). Broad-Based Stock Plans Remain Prevalent in Fortune Best 100 Companies to Work For. Retrieved from Employee Ownership Blog/https://www.nceo.org/employee-ownership-blog/broad-based-stock-plans-remain-prevalent-fortune-best-100-companies-work

Saleh, S. D., Lee, R. J., & Prien, E. P. (1965). Why Nurses Leave Their Jobs—An Analysis of Female Turnover. *Personnel Administration*, 28, pp.25-28.

Schuler, R. S. (1989). Strategic Human Resource Management and Industrial Relations. *Human Relations*, 42, pp.157-184.

Schuler, R. S., & Jackson, S. E. (1987). Linking competitive strategies with human resource management practices. *Academy of Management Executive*, 1, pp.207-219.

Sheridan, J. E., & Abelson, M. A. (1983). Cusp catastrophe model of employee turnover. *Academy of Management Journal*, 26 (3), pp.418-436.

Siebert, S. W., & Zubanov, N. (2009). Searching for the optimal level of employee turnover : A study of a large U.K. retail organization. *Academy of Management Journal*, 52 (2), pp.94-313.

Simon, H. A. (1957). *Models of man : social and rational*. New York : Wiley.

Steers, R. M. (1977). Antecedents and outcomes of organizational commitment. *Administrative Science Quarterly*, 22, pp.46-56.

Steers, R. M., & Mowday, R. T. (1981). Employee turnover and postdecision accommodation processes. In L. Cummings, & B. Staw (Eds.), *Research in organizational behavior* (Vol. 3, pp.235-281). Greenwich, CT : JAI Press.

Survey Research Center. (1975). Michigan Organizational Assessment Package : Progress Report II. *Institute for Social Research.* Ann Arbor : The University of Michigan.

Ulrich, D. (1997). *Human resource champions : the next agenda for adding value and delivering results.* Boston : Harvard Business School Press.

Ulrich, D., Halbrook, R., Meder, D., Stuchlik, M., & Thorpe, S. (1991). Employee and customer attachment : Synergies for competitive advantage. *Human Resource Planning,* 14, pp.89-103.

Vroom, H. V. (1964). *Work and motivation.* New York : Wiley.

Watson, T. J. (2010). Critical social science, pragmatism and the realities of HRM. *The International Journal of Human Resource Management,* 21 (6), pp.915-931.

Williams, M. L., McDaniel, M. A., & Nguyen, N. T. (2006). A Meta-Analysis of the Antecedents and Consequences of Pay Level Satisfaction. *Journal of Applied Psychology,* 91 (2), pp.392-413.

Wind, Y., Douglas, P.S., & Perlmutter, V. H. (1973). Guidelines for Developing International Marketing Strategies. *Journal of Marketing,* 37, pp.14-23.

<ウェブサイト>

Allied Commercial Bank
http://www.alliedbankchina.com.cn/ (accessed September 16, 2021).

Australia and New Zealand Bank (China)
https://www.anz.com/institutional/global/china/zh-hans/ (accessed

September 16, 2021）

Bangkok Bank（China）

https://www.bangkokbank.com.cn/（accessed September 16, 2021）

Bank of Montreal（China）

http://bmobmo.chinainout.com/（accessed September 16, 2021）

Bank SinoPac（China）

http://bank.sinopac.com.cn/sinopacBC/index.html（accessed September 16, 2021）

BNP Paribas（China）

https://china.bnpparibas.com/zh/contact-us/bnp-paribas-china/（accessed September 16, 2021）

Cathay United Bank（China）

https://www.cathaybk.com.cn/Cathaybk/oversea/ShangHai/index.aspx（accessed September 16, 2021）

Chang Hwa Bank（China）

https://www.bankchanghwa.com.cn/（accessed September 16, 2021）

China CITIC Bank International

https://www.cncbinternational.com/home/en/index.jsp（accessed September 16, 2021）

Chinese Mercantile Bank

www.cmbcn.com.cn/（accessed September 16, 2021）

Citibank（China）

https://www.citibank.com.cn/sim/index.htm（accessed September 16, 2021）

Credit Agricole CIB（China）

http://23a591460.cn.global-trade-center.com/（accessed September 16, 2021）

Dah Sing Bank（China）

https://www.dahsing.com.cn/portal/zh_CN/home/index.html（accessed September 16, 2021）

DBS Bank（China）

https://www.dbs.com.cn/index-sc/default.page（accessed September 16, 2021）

Deutsche Bank（China）

https://country.db.com/china/index?language_id=3（accessed September 16, 2021）

E.SUN Bank（China）

https://www.esun-bank.com.cn/（accessed September 16, 2021）

East West Bank（China）

https://www.eastwestbank.com.cn/（accessed September 16, 2021）

Fubon Bank（China）

https://www.fubonchina.com/（accessed September 16, 2021）

Hana Bank（China）

https://www.hanabank.cn/hana/cn/pub001/2016-09-18/169ie4v753850.shtml（accessed September 16, 2021）

Hang Seng Bank（China）

https://www.hangseng.com.cn/1/2/（accessed September 16, 2021）

HSBC Bank（China）

https://www.hsbc.com.cn/en-cn/（accessed September 16, 2021）

Industrial Bank of Korea（China）

https://global.ibk.co.kr/cn/（accessed September 16, 2021）

JPMorgan Chase Bank（China）

　https://www.jpmorganchina.com.cn/zh/about-us（accessed September 16, 2021）

KASIKORNBANK（China）

　https://www.kasikornbank.com.cn/（accessed September 16, 2021）

Kookmin Bank（China）

　http://www.kbstarchina.com/（accessed September 16, 2021）

Metrobank（China）

　http://www.metrobank.com.cn/website_cn/（accessed September 16, 2021）

Mizuho Bank（China）

　https://www.mizuhogroup.com/asia-pacific/china/cn（accessed September 16, 2021）

Morgan Stanley Bank International（China）

　https://www.morganstanleychina.com/what-we-do/morgan-stanley-bank-international（accessed September 16, 2021）

MUFG Bank（China）

　https://www.bk.mufg.jp/global/globalnetwork/asiaoceania/index.html（accessed September 16, 2021）

Nanyang Commercial Bank（China）

　https://www.ncbchina.cn/website/ncb-zh/view/main/main.html（accessed September 16, 2021）

OCBC Wing Hang Bank（China）

　https://www.ocbc.com.cn/group/CN/group-home.html（accessed

September 16, 2021)

ShinHan bank (China)

https://www.shinhanchina.com/global.shinhan (accessed September 16, 2021)

Societe Generale (China)

https://sogeonline.societegenerale.cn/page/comingsoon_cn.html (accessed September 16, 2021)

SPD Silicon Valley Bank

https://www.spd-svbank.com/cn/ (accessed September 16, 2021)

Standard Chartered Bank (China)

https://www.sc.com/cn/ (accessed September 16, 2021)

Sumitomo Mitsui Banking Corporation (China)

https://www.smbc.co.jp/global/location_oversea/china/index.html (accessed September 16, 2021)

The Bank of East Asia (China)

https://www.hkbea.com.cn/PersonalBusiness/ (accessed September 16, 2021)

UBS (China)

https://www.ubs.com/cn/sc/ubs-china.html (accessed September 16, 2021)

United Overseas Bank (China)

https://www.uobchina.com.cn/general/index.page (accessed September 16, 2021)

Woori Bank (China)

https://www.wooribankchina.com/woori/index.html (accessed September

16, 2021）

Zheng Xin Bank

　https://www.zxbk.com.cn/（accessed September 16, 2021）

北京銀行

　http://www.bankofbeijing.com.cn/（accessed September 16, 2021）

江蘇銀行

　http://www.jsbchina.cn/（accessed September 16, 2021）

寧波銀行

　http://www.nbcb.com.cn/（accessed September 16, 2021）

南京銀行

　https://www.njcb.com.cn/（accessed September 16, 2021）

前程无忧

　https://www.51job.com/（accessed September 16, 2021）

上海銀行

　https://www.bosc.cn/zh/（accessed September 16, 2021）

中国人民銀行

　http://www.pbc.gov.cn/（accessed September 16, 2021）

中国銀行保険監督管理委員会

　http://www.cbirc.gov.cn/cn/view/pages/index/index.html（accessed
　September 16, 2021）

中国銀行協会

　https://www.china-cba.net/（accessed September 16, 2021）

智联招聘

　highpin.zhaopin.com（accessed September 16, 2021）

付録1　予備調査におけるアンケート調査票

外资银行离职原因问卷调查表（预备调查）

尊敬的受访者：

感谢您在百忙之中参与本次问卷调查，请根据您的实际情况，在最符合您真实想法的答案下标注下划线．

问卷答案仅用于学术研究，再次感谢您的支持！

1. 您的性别 [单选题] ＊

　○男　　　　　　　　　　　　　　○女

2. 外资银行的类别 [单选题] ＊

　○欧美银行　　　　　　　　　　　○日资银行

3. 从该银行离职时您的年龄 [单选题] ＊

　○ 25 岁及以下　　　○ 26 ～ 30 岁　　　○ 31 ～ 35 岁

　○ 36 ～ 40 岁　　　○ 41 ～ 50 岁　　　○ 51 岁及以上

4. 从该银行离职时您的学历 [单选题] ＊

　○专科及以下　　○本科　　　　○硕士　　　　　○博士

5. 从该银行离职时您的婚姻状况 [单选题] ＊

　○单身　　　　　　　　　　　　　○已婚

6. 从该银行离职时您有几个孩子 [单选题] ＊

　○无　　　　　　　　○ 1 个　　　　　　　○ 2 个及以上

7. 在该银行的工作年数 [单选题] ＊

　○ 3 年及以下　　　○ 3 ～ 5 年　　　○ 5 ～ 10 年

　○ 10 ～ 15 年　　　○ 15 ～ 20 年　　　○ 20 年及以上

8. 在该银行的工作岗位 [单选题] *

○前台　　　　　　　　○中台　　　　　　　○后台

9. 离职时，与在该银行的工作相比，找到一份同样好的工作很难 . [单选题] *

○非常不同意　○不同意　　○不同意也不反对　○同意　　　○非常同意

10. 离职时，与在该银行的工作相比，找到一份更好的工作很难 . [单选题] *

○非常不同意　○不同意　　○不同意也不反对　○同意　　　○非常同意

11. 离职时，与在该银行的工作相比，找到一份好得多的工作很难 . [单选题] *

○非常不同意　○不同意　　○不同意也不反对　○同意　　　○非常同意

12. 我在该银行完成工作所需的技能和知识在其他公司也适用 . [单选题] *

○非常不同意　○不同意　　○不同意也不反对　○同意　　　○非常同意

13. 我在该银行完成工作所需的大部分技能和知识在我的新工作中都很有用 . [单选题] *

○非常不同意　○不同意　　○不同意也不反对　○同意　　　○非常同意

14. 我在该银行完成工作所需的技能和知识很难在其他公司通用 . [单选题] *

○非常不同意　○不同意　　○不同意也不反对　○同意　　　○非常同意

15. 我在该银行完成工作所需的大部分技能和知识只在该银行适用 . [单选题] *

○非常不同意　○不同意　　○不同意也不反对　○同意　　　○非常同意

16. 在该银行，我有权利决定用什么方法来完成工作 . [单选题] *

○非常不同意　○不同意　　○不同意也不反对　○同意　　　○非常同意

17. 在该银行，我有权利决定我的工作流程 . [单选题] *

○非常不同意　○不同意　　○不同意也不反对　○同意　　　○非常同意

18. 在该银行，我有权利选择我的工作方式 . [单选题] *

○非常不同意　○不同意　　○不同意也不反对　○同意　　　○非常同意

19. 在该银行，我有权利控制自己的工作时间 . [单选题] *

○非常不同意　○不同意　　○不同意也不反对　○同意　　　○非常同意

20. 在该银行，我有权利决定自己的工作的顺序 . [单选题] *

○非常不同意　　○不同意　　　○不同意也不反对　○同意　　　○非常同意

21. 在该银行，我有权决定我要执行的具体任务 . [单选题] *

○非常不同意　　○不同意　　　○不同意也不反对　○同意　　　○非常同意

22. 为了能集中精力完成重要的任务，我有权改变我的工作方法，而不是把时间浪费在
不必要的工作上 . [单选题] *

○非常不同意　　○不同意　　　○不同意也不反对　○同意　　　○非常同意

23. 在该银行，我有权利改变我的工作目标 . [单选题] *

○非常不同意　　○不同意　　　○不同意也不反对　○同意　　　○非常同意

24. 在设定工作目标时，我拥有一定程度的控制权 . [单选题] *

○非常不同意　　○不同意　　　○不同意也不反对　○同意　　　○非常同意

25. 大多数晋升是基于在职年数 . [单选题] *

○非常不同意　　○不同意　　　○不同意也不反对　○同意　　　○非常同意

26. 与上司相处融洽的员工能更快地得到晋升 . [单选题] *

○非常不同意　　○不同意　　　○不同意也不反对　○同意　　　○非常同意

27. 雇用新员工的选择标准是完成工作所需的能力 . [单选题] *

○非常不同意　　○不同意　　　○不同意也不反对　○同意　　　○非常同意

28. 最受重视的员工是那些对公司贡献最大的人 . [单选题] *

○非常不同意　　○不同意　　　○不同意也不反对　○同意　　　○非常同意

29. 有能力的员工会受到银行的鼓励 . [单选题] *

○非常不同意　　○不同意　　　○不同意也不反对　○同意　　　○非常同意

30. 在该银行的实际工作中，规则和条例平等地约束着所有员工 . [单选题] *

○非常不同意　　○不同意　　　○不同意也不反对　○同意　　　○非常同意

31. 级别高的员工可以很容易地避开许多规则和条例的执行 . [单选题] *

○非常不同意　　○不同意　　　○不同意也不反对　○同意　　　○非常同意

32. 直属领导很少花时间来确保他们的规则和条例适用于所有人 . [单选题] *

○非常不同意　　○不同意　　　○不同意也不反对　○同意　　　　○非常同意

33. 直属领导在应用规则和条例方面有很多例外 . [单选题] *

○非常不同意　　○不同意　　　○不同意也不反对　○同意　　　　○非常同意

34. 在该银行，那些与直属领导相处得很好的员工，也都能遵守银行的规则和条例 . [单选题] *

○非常不同意　　○不同意　　　○不同意也不反对　○同意　　　　○非常同意

35. 在该银行，所有员工无一例外都遵守规则和条例 . [单选题] *

○非常不同意　　○不同意　　　○不同意也不反对　○同意　　　　○非常同意

36. 该银行的办工桌很小，我没有足够的空间来完成工作 . [单选题] *

○非常不同意　　○不同意　　　○不同意也不反对　○同意　　　　○非常同意

37. 在该银行，我有足够的设备来完成我的工作 . [单选题] *

○非常不同意　　○不同意　　　○不同意也不反对　○同意　　　　○非常同意

38. 在该银行，我有时很迷惑，哪些是应该我负责的工作内容 . [单选题] *

○非常不同意　　○不同意　　　○不同意也不反对　○同意　　　　○非常同意

39. 在工作中，我能够清楚地看到我在银行中应扮演的角色 . [单选题] *

○非常不同意　　○不同意　　　○不同意也不反对　○同意　　　　○非常同意

40. 我从不同的主管那里得到相互矛盾的指示 . [单选题] *

○非常不同意　　○不同意　　　○不同意也不反对　○同意　　　　○非常同意

41. 我从我的直属领导那里得到了相互矛盾的指示 . [单选题] *

○非常不同意　　○不同意　　　○不同意也不反对　○同意　　　　○非常同意

42. 我没有足够的时间来完成所有的工作 . [单选题] *

○非常不同意　　○不同意　　　○不同意也不反对　○同意　　　　○非常同意

43. 我有太多的工作要做 . [单选题] *

○非常不同意　　○不同意　　　○不同意也不反对　○同意　　　　○非常同意

44. 我不得不加快工作进度 . [单选题] *

○非常不同意　○不同意　　○不同意也不反对　○同意　　　○非常同意

45. 考虑到我的技能和我在工作中付出的努力，我对我的工资感到满意 . [单选题] *

○非常不同意　○不同意　　○不同意也不反对　○同意　　　○非常同意

46. 我的报酬取决于我的工作表现如何 . [单选题] *

○非常不同意　○不同意　　○不同意也不反对　○同意　　　○非常同意

47. 与其他外资银行相比，我的工资是公平的 . [单选题] *

○非常不同意　○不同意　　○不同意也不反对　○同意　　　○非常同意

48. 我对自己的工资非常不满意 . [单选题] *

○非常不同意　○不同意　　○不同意也不反对　○同意　　　○非常同意

49. 我对银行的薪酬制度非常满意 . [单选题] *

○非常不同意　○不同意　　○不同意也不反对　○同意　　　○非常同意

50. 与其他员工的工资相比，我的工资是公平合理的 . [单选题] *

○非常不同意　○不同意　　○不同意也不反对　○同意　　　○非常同意

51. 晋升是定期的 . [单选题] *

○非常不同意　○不同意　　○不同意也不反对　○同意　　　○非常同意

52. 有很好的晋升机会 . [单选题] *

○非常不同意　○不同意　　○不同意也不反对　○同意　　　○非常同意

53. 在该银行，有一个让所有员工从普通员工做起，逐步晋升到更高的职位的晋升制度 .
[单选题] *

○非常不同意　○不同意　　○不同意也不反对　○同意　　　○非常同意

54. 在该银行，我升职的机会很大 . [单选题] *

○非常不同意　○不同意　　○不同意也不反对　○同意　　　○非常同意

55. 在该银行，我做到管理层的机会很大 . [单选题] *

○非常不同意　○不同意　　○不同意也不反对　○同意　　　○非常同意

56. 我的工作有很多的多样性 . [单选题] *

○非常不同意　○不同意　　○不同意也不反对　○同意　　　○非常同意

57. 我有机会在工作中做很多不同的事情 . [单选题] *

○非常不同意　○不同意　　○不同意也不反对　○同意　　　○非常同意

58. 我不得不在工作中反复做同样的任务 . [单选题] *

○非常不同意　○不同意　　○不同意也不反对　○同意　　　○非常同意

59. 我发现自己每天都处于同样的情况 . [单选题] *

○非常不同意　○不同意　　○不同意也不反对　○同意　　　○非常同意

60. 当我的工作做得很好时，我的自信心就会上升 . [单选题] *

○非常不同意　○不同意　　○不同意也不反对　○同意　　　○非常同意

61. 我所做的工作大多是无用的或无聊的 . [单选题] *

○非常不同意　○不同意　　○不同意也不反对　○同意　　　○非常同意

62. 当我的工作做得好时，我很有成就感 . [单选题] *

○非常不同意　○不同意　　○不同意也不反对　○同意　　　○非常同意

63. 我所做的工作对我非常有用 . [单选题] *

○非常不同意　○不同意　　○不同意也不反对　○同意　　　○非常同意

64. 我的工作做得有多好，并不影响我对它的感觉 . [单选题] *

○非常不同意　○不同意　　○不同意也不反对　○同意　　　○非常同意

65. 我不适合这份工作 . [单选题] *

○非常不同意　○不同意　　○不同意也不反对　○同意　　　○非常同意

66. 这份工作不适合我的技能 . [单选题] *

○非常不同意　○不同意　　○不同意也不反对　○同意　　　○非常同意

67. 这份工作并不是我所设想的那样 . [单选题] *

○非常不同意　○不同意　　○不同意也不反对　○同意　　　○非常同意

68. 这份工作的工作内容与我的能力相符 . [单选题] *

○非常不同意　○不同意　　○不同意也不反对　○同意　　　○非常同意

69. 这份工作能够展示我的能力. [单选题] *

　　○非常不同意　　○不同意　　　○不同意也不反对　　○同意　　　　○非常同意

70. 当错误发生时，我的直属领导会找下属背锅. [单选题] *

　　○非常不同意　　○不同意　　　○不同意也不反对　　○同意　　　　○非常同意

71. 我的直属领导让我决定如何完成我的工作. [单选题] *

　　○非常不同意　　○不同意　　　○不同意也不反对　　○同意　　　　○非常同意

72. 我的直属领导关心我这个人. [单选题] *

　　○非常不同意　　○不同意　　　○不同意也不反对　　○同意　　　　○非常同意

73. 我的直属领导就我的工作给我提供具体建议. [单选题] *

　　○非常不同意　　○不同意　　　○不同意也不反对　　○同意　　　　○非常同意

74. 我的直属领导希望我做一份高质量的工作. [单选题] *

　　○非常不同意　　○不同意　　　○不同意也不反对　　○同意　　　　○非常同意

75. 我的直属领导很称职. [单选题] *

　　○非常不同意　　○不同意　　　○不同意也不反对　　○同意　　　　○非常同意

76. 我的直属领导拥有丰富的专业知识. [单选题] *

　　○非常不同意　　○不同意　　　○不同意也不反对　　○同意　　　　○非常同意

77. 我的直属领导总是倾听我的意见和想法. [单选题] *

　　○非常不同意　　○不同意　　　○不同意也不反对　　○同意　　　　○非常同意

78. 我的直属领导一直向我提供关于我工作的反馈. [单选题] *

　　○非常不同意　　○不同意　　　○不同意也不反对　　○同意　　　　○非常同意

79. 我的直属领导让我清楚地知道我必须做什么. [单选题] *

　　○非常不同意　　○不同意　　　○不同意也不反对　　○同意　　　　○非常同意

80. 我的直属领导对我的表现给予了公平的评价. [单选题] *

　　○非常不同意　　○不同意　　　○不同意也不反对　　○同意　　　　○非常同意

81. 我的直属领导会给他 / 她喜欢的下属优待. [单选题] *

○非常不同意　　○不同意　　　　○不同意也不反对　○同意　　　　○非常同意

82. 我的直属领导对下属很公平 . [单选题] *

○非常不同意　　○不同意　　　　○不同意也不反对　○同意　　　　○非常同意

83. 当我工作做得好的时候，我的直属领导会赞赏我 . [单选题] *

○非常不同意　　○不同意　　　　○不同意也不反对　○同意　　　　○非常同意

84. 我的直属领导会批评犯错误的人 . [单选题] *

○非常不同意　　○不同意　　　　○不同意也不反对　○同意　　　　○非常同意

外资银行离职原因问卷调查表（正式调查）

尊敬的受访者：

感谢您在百忙之中参与本次问卷调查，请根据您的实际情况，在最符合您真实想法的答案下标注下划线.

问卷答案仅用于学术研究，再次感谢您的支持！

1. 您的性别 [单选题] *

　○男　　　　　　　　　　　　　　○女

2. 外资银行的类别 [单选题] *

　○欧美银行　　　　　　　　　　　○日资银行

3. 从该银行离职时您的年龄 [单选题] *

　○ 25 岁及以下　　　○ 26 ～ 30 岁　　　○ 31 ～ 35 岁

　○ 36 ～ 40 岁　　　○ 41 ～ 50 岁　　　○ 51 岁及以上

4. 从该银行离职时您的学历 [单选题] *

　○专科及以下　　　○本科　　　　○硕士　　　　　○博士

5. 从该银行离职时您的婚姻状况 [单选题] *

　○单身　　　　　　　　　　　　　○已婚

6. 从该银行离职时您有几个孩子 [单选题] *

　○无　　　　　　　○ 1 个　　　　　　○ 2 个及以上

7. 在该银行的工作年数 [单选题] *

　○ 3 年及以下　　　○ 3 ～ 5 年　　　○ 5 ～ 10 年

　○ 10 ～ 15 年　　　○ 15 ～ 20 年　　　○ 20 年及以上

8. 在该银行的工作岗位 [单选题] *

○前台　　　　　　　　　○中台　　　　　　　　　○后台

9. 离职时，与在该银行的工作相比，找到一份同样好的工作很难 . [单选题] *
　　○非常不同意　○不同意　　○不同意也不反对　○同意　　　○非常同意

10. 离职时，与在该银行的工作相比，找到一份更好的工作很难 . [单选题] *
　　○非常不同意　○不同意　　○不同意也不反对　○同意　　　○非常同意

11. 我在该银行完成工作所需的技能和知识很难在其他公司通用 . [单选题] *
　　○非常不同意　○不同意　　○不同意也不反对　○同意　　　○非常同意

12. 我在该银行完成工作所需的大部分技能和知识只在该银行适用 . [单选题] *
　　○非常不同意　○不同意　　○不同意也不反对　○同意　　　○非常同意

13. 为了能集中精力完成重要的任务，我有权改变我的工作方法，而不是把时间浪费在
　　不必要的工作上 . [单选题] *
　　○非常不同意　○不同意　　○不同意也不反对　○同意　　　○非常同意

14. 在设定工作目标时，我拥有一定程度的控制权 . [单选题] *
　　○非常不同意　○不同意　　○不同意也不反对　○同意　　　○非常同意

15. 最受重视的员工是那些对公司贡献最大的人 . [单选题] *
　　○非常不同意　○不同意　　○不同意也不反对　○同意　　　○非常同意

16. 有能力的员工会受到银行的鼓励 . [单选题] *
　　○非常不同意　○不同意　　○不同意也不反对　○同意　　　○非常同意

17. 在该银行的实际工作中，规则和条例平等地约束着所有员工 . [单选题] *
　　○非常不同意　○不同意　　○不同意也不反对　○同意　　　○非常同意

18. 直属领导很少花时间来确保他们的规则和条例适用于所有人 . [单选题] *
　　○非常不同意　○不同意　　○不同意也不反对　○同意　　　○非常同意

19. 我有太多的工作要做 . [单选题] *
　　○非常不同意　○不同意　　○不同意也不反对　○同意　　　○非常同意

20. 我不得不加快工作进度 . [单选题] *

○非常不同意　○不同意　　　○不同意也不反对　○同意　　　○非常同意

21. 与其他外资银行相比，我的工资是公平的 . [单选题] *

　　○非常不同意　○不同意　　　○不同意也不反对　○同意　　　○非常同意

22. 我对自己的工资非常不满意 . [单选题] *

　　○非常不同意　○不同意　　　○不同意也不反对　○同意　　　○非常同意

23. 在该银行，我升职的机会很大 . [单选题] *

　　○非常不同意　○不同意　　　○不同意也不反对　○同意　　　○非常同意

24. 在该银行，我做到管理层的机会很大 . [单选题] *

　　○非常不同意　○不同意　　　○不同意也不反对　○同意　　　○非常同意

25. 我的工作有很多的多样性 . [单选题] *

　　○非常不同意　○不同意　　　○不同意也不反对　○同意　　　○非常同意

26. 我有机会在工作中做很多不同的事情 . [单选题] *

　　○非常不同意　○不同意　　　○不同意也不反对　○同意　　　○非常同意

27. 我所做的工作大多是无用的或无聊的 . [单选题] *

　　○非常不同意　○不同意　　　○不同意也不反对　○同意　　　○非常同意

28. 我所做的工作对我非常有用 . [单选题] *

　　○非常不同意　○不同意　　　○不同意也不反对　○同意　　　○非常同意

29. 这份工作的工作内容与我的能力相符 . [单选题] *

　　○非常不同意　○不同意　　　○不同意也不反对　○同意　　　○非常同意

30. 这份工作能够展示我的能力 . [单选题] *

　　○非常不同意　○不同意　　　○不同意也不反对　○同意　　　○非常同意

31. 我的直属领导会给他 / 她喜欢的下属优待 . [单选题] *

　　○非常不同意　○不同意　　　○不同意也不反对　○同意　　　○非常同意

32. 我的直属领导对下属很公平 . [单选题] *

　　○非常不同意　○不同意　　　○不同意也不反对　○同意　　　○非常同意

● 著者プロフィール

蔡怡（サイ・イ）

上海大学商学部卒業、シドニー大学大学院商学研究科修士課程修了、
桜美林大学大学院修了（経営学博士）。専門は人的資源管理。

朱燁丹（シュ・ヨー・タン）

〈学歴〉　中国寧波大学外国語学院日本語科卒業、日本宇都宮大学国際
学研究科修士修了、桜美林大学国際学研究科博士後期在籍。
〈研究・職歴〉2007年〜　浙江海洋大学専任教師、寧波大学科学技術
学院専任講師などを歴任し、現職。2019〜2020年　桜美林大学総合研
究機構RPA（リサーチ プロジェクト）などを兼任。

なぜ社員は辞めてしまうのか

2022年10月10日　　初版第1刷発行

著者	蔡怡　朱燁丹
発行者	森下紀夫
発行所	論創社
	〒101-0051　東京都千代田区神田神保町2-23　北井ビル
	tel. 03（3264）5254　fax. 03（3264）5232　https://ronso.co.jp
	振替口座　001601155266
装釘	宗利淳一
組版	桃青社
印刷・製本	丸井工文社
	ISBN978-4-8460-2205-1
	落丁・乱丁本はお取り替えいたします。